# 新媒体时代新闻与播音创新发展研究

李忠华　刘　倩　肖文溢 ◎著

吉林文史出版社

**图书在版编目（CIP）数据**

新媒体时代新闻与播音创新发展研究 / 李忠华，刘
倩，肖文溢著． -- 长春 ：吉林文史出版社，2023.7
　　ISBN 978-7-5472-9578-6

　　Ⅰ．①新… Ⅱ．①李… ②刘… ③肖… Ⅲ．①新闻一
播音 Ⅳ．① G222.2

　　中国国家版本馆 CIP 数据核字（2023）第 136855 号

XINMEITI SHIDAI XINWEN YU BOYIN CHUANGXIN FAZHAN YANJIU

| | | |
|---|---|---|
| 书　　名 | 新媒体时代新闻与播音创新发展研究 | |
| 作　　者 | 李忠华　刘　倩　肖文溢 | |
| 责任编辑 | 陈　昊　张　蕊 | |
| 出版发行 | 吉林文史出版社有限责任公司 | |
| 地　　址 | 长春市福祉大路 5788 号 | |
| 印　　刷 | 北京四海锦诚印刷技术有限公司 | |
| 开　　本 | 787mm×1092mm　1/16 | |
| 印　　张 | 12 | |
| 字　　数 | 285 千字 | |
| 版　　次 | 2023 年 7 月第 1 版　2023 年 7 月第 1 次印刷 | |
| 定　　价 | 52.00 元 | |
| 书　　号 | ISBN 978-7-5472-9578-6 | |

前　言

　　目前，随着互联网、大数据的进一步发展，人民的生活方式也发生了较大的变化，信息的传播方式也发生了相应的变化。信息传播的效率相比传统的报纸、期刊等得到了大幅度提高，而且也逐渐取代了这些传统的纸质媒体，进入新媒体发展时期。新媒体时代的新闻属性和传播模式发生了颠覆性变化，必然带来新闻信息传播活动的观念变化。对新媒体新闻信息传播活动的重要观念予以了解和理解，将有助于新媒体新闻信息传播的舆论引导实践。

　　网络平台的日益发达，使播音主持工作者的从业空间大大拓展，但同时也给其带来了新的挑战。如何重构新媒体时代的播音主持理论，培养新时代的播音主持从业者，以适应时代发展的要求，值得进一步探索。

　　为此，本书不仅从新媒体对新闻生产以及新闻传播的影响进行探讨，同时，从综合利用新媒体、挖掘新闻自身的资源优势，以及重视新闻自身的内容、人才等方面寻找新的发展路径，以期给传统媒体探索新媒体时代的新闻生产与传播带来更多方向。另外，针对日新月异的媒介环节中播音主持学科如何"固本"与"创新"展开探讨，通过转变发展思路，拓宽发展路径，坚持高质量发展路线，提升专业人员综合能力，灵活应对市场要求，充分利用新媒体特性等一系列办法，有效确保播音主持紧抓时代优势，借助新媒体力量，促进自身的发展。

　　本书在写作过程中，参阅了许多相关的著作、论文，吸取了诸多有益的成果、见解，在此向相关专家学者致以诚挚的谢意。由于作者水平有限，书中疏漏之处在所难免，敬请同行专家、学者和广大读者批评指正。

# 目 录

# 第一章　对新媒体的基本认识

## 第一节　新媒体的定义及本质

### 一、媒体的定义

媒体是一个外来词，源于英文单词"media/medium"，其原义可以解释为媒体，也可解释为媒介，在不少场合有所混用。但这两者在汉语中的意思相差很远，"媒体"是一种以传播信息为目的，以不同事物间产生联系为效果，借助种种技术手段、实现方法，具有一定的复杂内部结构的机构的具体表现形式。也就是说，媒体至少有两层概念：第一层是具体的表现形式，比如印刷出版的报纸；第二层是维持并保证这一形式运行的机构组织，比如报社机构。二者合一才能被称为媒体。而"媒介"则指第一层中的传播介质。

媒体是通过一定的载体或平台来承载相关信息，在限定的社会道德观念、所在国家的政策法规、所在社会的经营需求下，以一定的内部体制来保证信息的不断传播、更新与影响的机构，是现代社会中的一个有机组成部分。一旦提及媒体，人们关注的是它的组织机构的属性，强调它作为一个组织、一个机构，在国家与社会中必须承担的义务与责任。

按照不同的标准，媒体便具有了不同的分类。

按照传播介质的不同，媒体分为：基于无线电技术的广播式媒体，包括电台、电视台等；基于纸质印刷出版的平面媒体，包括报纸、杂志等；基于互联网传播的网络媒体，包括网站、手机报、手机应用客户端等。

按照出现时间的先后顺序，媒体分为：旧式传播时期媒体，其中主要有各类公告告示、早期的报纸杂志；大众传播时期媒体，主要有现代报纸杂志、广播电台、电视台等；

计算机网络时期媒体，这里除了我们熟知的互联网之外，还包括数字广播、数字电视、智能手机、无线终端等。

按照不同的表现形式，媒体又可以分为平面媒体、有声媒体、影音媒体以及多媒体。

## 二、新媒体的概念

新媒体的概念是 1967 年由美国哥伦比亚广播电视网技术研究所所长戈尔德·马克率先提出的。它首先是一种媒体，是一种传播信息的媒介。它是相对于传统媒体而言的，是在传统媒体诞生之后诞生的，从某种意义上说，没有传统媒体，就没有所谓的新媒体。

新媒体包括网络媒体、手机媒体、触摸媒体、移动电视、桌面视窗、数字电视等。新媒体亦是一个宽泛的概念，利用数字技术、网络技术，通过互联网、宽带局域网、无线通信网、卫星等渠道，以及电脑、手机、数字电视等终端，向用户提供信息和娱乐服务的传播形态。

严格来说，新媒体应该称为数字化新媒体。相对于报刊、报纸、广播、电视四大传统意义上的媒体，新媒体被形象地称为"第五媒体"。对于新媒体的界定，学者们可谓众说纷纭，至今没有定论。

新传媒产业联盟秘书长王斌认为："新媒体是以数字信息技术为基础，以互动传播为特点、具有创新形态的媒体。"美国《连线》杂志对新媒体的定义："所有人对所有人的传播。"联合国教科文组织对新媒体下的定义："以数字技术为基础，以网络为载体进行信息传播的媒介。"新媒体除以上概念外，还是能对大众同时提供个性化的内容的媒体，是传播者和接受者融会成对等的交流者、无数的交流者相互间可以同时进行个性化交流的媒体。表现为交互性与即时性、海量性与共享性、多媒体与超文本、个性化与社群化等内容。[①]

## 三、新媒体的本质

新媒体是以满足受众"需要"为根本目的，以应用最新技术为手段的现代化信息传播体系。它是媒体中的一员，得益于网络化、数字化的技术影响，是媒体发展的一种高级形式。同时，受众的需要又成为各种网络化、数字化技术突飞猛进的原动力，推动着新媒体的整体飞跃。

---

① 新媒体是什么 [EB/OL]. https://zhidao.baidu.com/question/1646891931954841300.html.

**（一）"需要"是区别新旧媒体的最根本点**

传统媒体一直发展的是媒体自身，这种发展存在着明显的限制。而新媒体则把媒体与受众打通，相互之间实现了融合，在有限的空间里打开了一片全新的天地。

新媒体所考虑的问题不仅仅是媒体自身需要什么、媒体的发展需要什么，它更多考虑的是受众需要什么，以及媒体为了满足这种需要必须做什么。由于受众的群体无限，受众的需求也可能无限，它带给了新媒体以无限的发展潜力。更为确切的理解是：传统媒体时代，媒体带动着受众前进，发展到什么阶段，受众就得接受什么样的状态，受众没有选择，更不会有什么要求。

更明确的说法就是，看一个新媒体是否称得上是新媒体，要看它是不是以用户为中心，是否以创造需要、适应需要为目的。其区分的标准就是这么简单。一切表现手段、表现方法都是为中心目的服务的，只要理念能够向前发展，技术能够突破，哪怕是曾经传统的报纸、广播、电视，都可以与互联网一样成为新媒体的某种表现手段。

**（二）"需要"是现代营销的最核心价值体现**

现代营销学首次摆正了企业与消费者的关系，鲜明地提出了"以消费者需求为中心""以市场为出发点"及"用户至上"的口号，认为实现组织各种目标的关键在于确定目标市场的需求和欲望，并比竞争对手更有效、更有力地传送目标市场所期望得到满足的东西。可以看出，应需而生，是其根本性的思想。

在新媒体发展阶段，媒体营销及营销媒体的理念也在形成。媒体就是一种产品，总在市场上进行竞争与运营的产品。在经营管理媒体的过程中，对于用户或受众需求的重视，对于市场需求的重视，成为新媒体发展的原动力，也成为新媒体之所以被社会接受的根本性价值。可以说，新媒体是整个传媒产业中首先考虑用户需求，思考自己与用户之间的相互关系，并着重考虑用户的感受与需求的特殊产品。它最根本的目的，就是希望将自己推销出去，推销到用户的面前，并且能够成为最成功的产品。

新媒体同时也是现代产业营销最为关注的媒体领域，因为现代企业所希望对外传播的不仅仅是自己的产品，更有自己的信息动态、发展方向以及企业理念。现代企业尤其重视对目标客户的抓取，而利用新媒体的人际关系网络能够获得来自客户的各种信息与反馈，并在这种传播中占据更为主动的地位。这已经不是传统媒体所能够提供得了的，只能依赖于新媒体的即时与互动特性。对于新媒体来说，企业同样也是用户，也是新媒体兑现"适应需要""满足需要"的一个努力方向。也只有新媒体才能如此深入地切入企业营销的过程中，实现与传播同步扩展影响的终极目的。

同样，在媒体范畴之内的广告业更是对这一规律颇有心得。看看四周我们就可以发现，但凡成功的广告作品，都必然有着定位准确的优点。何谓"定位准确"？那就是在合适的阶段强化合适的目的。一个全新的产品或品牌刚刚投放市场时，是它的成长阶段，最合适的广告表现点就是对它的"告知"：用最简洁最直观的介绍用语，介绍自己最显著的特点。产品一旦成熟，必然转向感知用户的需求、迎合用户的需要，从而创造出最能打动用户的宣传用语。

### （三）"需要"是现代产业发展的重要转折点

人类社会在农业文明之后经历了这三次工业化的大革命，能源、动力的飞跃升级直接带来生产力的大幅提升，从而引发了生产关系与上层建筑的显著变化。之后，计算机的发明、网络的诞生以及移动通信产业的覆盖引发了三次信息技术的大革命，这三次革命已经不再只是表面可见的物质生产力的提升，更多的是意识形态上的飞跃。最终作用于所有现有生产力与生产关系的一次新革命，主力军就是新媒体的产业化发展。它不再像传统媒体那样，做一个客观的观察者、报道者，或至多是评论者，而实质上成了现代社会不可缺少的全面参与者。新媒体的信息传播过程，也是现代产业发展过程的一部分，是现代产业快速增长变化不可或缺的重要内容。

而在产业发展中，为了追求局部经济效益的最大化，企业往往以牺牲个性需求为代价换取满足大众需求所带来的批量化好处。这种现象在工业化大生产时代表现得尤为突出。但久而久之，便出现了过分关注企业利益而忽视用户利益、过分追求现有市场而忽视潜在市场、过分讲究保守策略而回避风险战略的重大弊端，成为现代产业发展中的大阻力点。

而新媒体却会充分考虑到用户需要，并围绕受众需要，合理配置、有效整合自身资源，从而协助有需要的企业进行产品包装、宣传策划直至市场营销、网络布局、产品维护和品牌战略规划，为它们提供一条龙的产业链服务，使自身以及与之进行合作的企业获得双赢的效果。现代社会已经不再只是小农经济下非常简单的产业结构关系，各行各业之间的联系千丝万缕，相互之间的影响难以估计。这些关系的理顺与影响，往往正是新媒体操作的擅长之处。

由于可以最大限度地挖掘到用户的需要，新媒体恰恰可以帮助现代产业摆脱自身发展的瓶颈，寻求新的发展。更为重要的是，借助新媒体独到的机制，企业可以更加敏锐地捕捉到用户的真实想法与真实需求，深层次地解决用户的潜在需求，从而开拓出更为广阔的市场空间，从根本上再一次解放生产力、提升生产力，这方面最突出的代表就是电子商务的发展。由于依托了新媒体技术的发展与支持，电子商务完全解放了人们对消费和商品需求的限制，它的发展，并不是对传统商务市场的硬性切割，而是深度激发，从而引发整体市场的共同繁荣。

而且，新媒体本身的产业化发展趋势也越来越明显，这不仅符合新闻媒体发展的基本规律，是市场经济条件下媒体生存和发展的必由之路，同时也是整个社会的经济形式与经济结构发展变化的必然过程。信息在产业经济中的地位得到了高度的认可，其价值也不断提高，这也是最根本的受众需要、用户需要。

因需要而生，为需要而发展，这就是新媒体的本质。

# 第二节　新媒体的特征表现

## 一、整合性

随着新媒体的发展，它的整合功能越来越凸显，一些文本、图像、视频等传统媒介传播手段被逐渐整合到一起，并通过新媒体媒介实现组织和管理，随着传统媒体（电视、广播、报纸、音像、出版等）的数字化，多种媒介形式的深度融合使资源跨行业配置、媒体信息跨平台共享、传播影响力全方位渗透，融文字、图形图像、视频音频等多种媒介元素为一体的超级媒体出现在新媒体领域，例如，微信的发展既体现出传播媒介的特点，也体现出整合广告、出版、电视等多种媒体的超媒体发展特征。

## 二、交互性

在传统媒体中，信息的传播者是信息的发布者，信息的接收者只能被动地接受信息，二者之间的定位极为明确。例如，受传者可通过来信、来电和发传真等形式对媒介信息进行反馈，但这种反馈大多是事后的，缺乏实时的交互。但是在新媒体信息的传播过程中，二者之间的定位就显得极为模糊，它从根本上改变了这种单向传播的态势。在新媒体中，广大的群众享有绝对的主控权，任何一个上网者都可以随时在网上发布信息、改写信息和接收信息。只要具备相关的新媒介设备，接收者就可以获取自己感兴趣的内容，并及

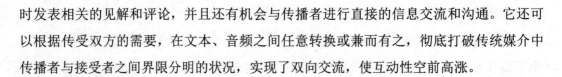

时发表相关的见解和评论，并且还有机会与传播者进行直接的信息交流和沟通。它还可以根据传受双方的需要，在文本、音频之间任意转换或兼而有之，彻底打破传统媒介中传播者与接受者之间界限分明的状况，实现了双向交流，使互动性空前高涨。

### 三、虚拟性

基于新媒体技术的人际交流，建立在计算机的数字化技术之上，个体通过计算机的软硬件设备实现信息的输入，计算机对传播者的文字、图像信息进行数字编码和解读，使得人际传播不用面对面，也可以构建和虚拟出人际关系和组织结构。人们可以通过网络上的虚拟超市购物，通过虚拟社区交友，人的生存实现数字化和虚拟化。新媒体构建的社交、文化场域逐渐成为社会思潮和意识形态冲突的主阵地，传播者通过文字、图形等符号在新媒体虚拟环境下表达自己的价值判断和观点，掌握新媒体传播规律，了解新媒体的使用者和传播者的传播心理机制，是新媒体虚拟时空中保障马克思主义意识形态话语权的必要条件，营造积极健康而又合理有序的虚拟话语空间，是巩固新媒体境遇下马克思主义意识形态的领导权、管理权和话语权的重要途径。

### 四、即时性

传统媒体的信息从发出到反馈需要一个较长的制作周期，并定期、定时发行传播，而基于数字技术的互联网、移动通信等新媒体接收和发布信息不受时间和空间的限制，传播者和受众的身份不再明确，传播信息和接收信息几乎可以同时完成，如果需要的话，我们几乎可以通过任何一台网络设备，在任何时候、任何地点接收或发布信息。在新媒体中，信号的发送者和接收者之间信息交流是双向的，每个人都是传播者，每个人都是受众，参与个体都有控制权。如今，各种通信信号遍布在空气之中，无论我们身处何地，仿佛总有无数信息围绕在我们身边。尤其是在突发事件的报道中，手机、微博、播客、互联网的结合，可以将"第一时间""第一现场"牢牢掌握在手里。

### 五、个体性

个体性指的是新媒体可以做到个性化信息交流与服务。传播的核心是共享和交流，人们在新媒体环境下可以实现相对自由、便捷、有价值和有意义的交流。在新媒体环境下，传统的、倾向于无差异的普遍的广大受众，开始分割为兴趣相投的不同分众。新媒体环境下提供的服务更多的是点对点的服务，如人们可以通过发微信在节假日或平时表达自己对亲朋好友的祝福与问候，可以在微信朋友圈把自己好玩有趣的生活片段或感悟与圈内好友分享，还可以在各种贴吧、微博话题中畅所欲言、表达陈述自己的观点，等等。

这些个性化的特点受到了更多追求时尚、不拘形式的年青一代的大力欢迎，也成为他们到目前为止最流行与普遍的交流形式。新媒体浓郁的个性化特色是传统媒体无法做到与企及的。

# 第三节　新媒体与传统媒体的融合

## 一、新媒体的传统化

新媒体的传统化是一个绕不开的阶段。作为媒体中的一员，无论它拥有如何高端的网络技术，无论它注入了多少新锐的运营理念，只要进入市场、面对受众，就必然会受到各种传播规律、社会环境的制约与影响。

为了保证各类信息的及时、快速采集，新媒体必须认真学习各种信息内容的采访编辑技巧；为了让网页内容编排既丰富多彩又重点突出，新媒体必须认真学习版面编排与设计规律；为了确立自身的权威性与公信力，新媒体必须认真学习如何处理与政府机构乃至企业的公共关系。

在新媒体机构中，依旧有着平常熟悉的新闻部、编辑部、专题部、技术部、行政部或类似的部门划分；新媒体在内容建设上依旧有着编前策划、快速采访、后期编辑、专题深化等传统的模式；新媒体在推广方面依旧是口号、形象与活动这三板斧。但是，新媒体的生命力与优越性就表现在它能在短短几年内迅速走过传统媒体曾经需要几十年甚至上百年才能走完的发展之路。这段路，可以抄近路走，可以一路带小跑地快步走，但不管怎么说，绝对不能不走，这就是"新媒体的传统化阶段"。

忽视新媒体的传统化阶段必然会带来严重的恶果，其现实案例在互联网发展历程中比比皆是。2000 年，中国第一次身处互联网泡沫大潮，当时，一大批带着简单创业发财致富梦想的新媒体网站蜂拥而起，其中有很大一部分人没有认真考虑自身能力的培养，没有专注于制度的确立，尤其是不屑于吸取传统媒体的经验教训，一味地追求自己的创新、创造与冲劲，迎着资本的浪潮呼啸而上，之后便迅速在接下来的 2003 年互联网严冬中无声无息地消亡。回顾它们的发展历程可以看到，杂乱的内容、粗糙的包装、混乱的管理，这些本就不该成为新媒体的特点，网民在追求互联网快速、便捷的同时，并不意味着他们对新闻资讯的权威性、真实性与稳定性的追求有任何下降。再之后几年，网络视频应用开始红火,又有一大批应运而生的网络视频制作机构、中小网络视频运营网站,同样只为追求速度与新鲜,而只能拍摄制作一些质量低下的网络视频,之后便迅速消失在下一轮市场洗牌中。

事实上,在超过百年的发展史中,为了适应最基本的信息传播规律,传统媒体积累了大量有益的经验与心得,其中的绝大多数并不会是即将被淘汰与失效的东西,反而是新媒体在发展之初最宝贵的财富,也是新媒体可以借力飞跃的最佳跳板。

## 二、传统媒体的新媒体化

面对新媒体咄咄逼人的发展态势,传统媒体怎么办?是扎紧篱笆守住门,全力遏制新媒体,谨防"教会了徒弟饿死师父"?还是顺其自然,得过且过,"数数好日子还能过个几年"?其实这两种思想都不正确,它们不仅把新媒体划分到了自己的对立面,还完全把自身排除在了新媒体发展的可能之外。

新媒体并不是一个孤立的概念,也不是一个静态的发展状态。既存在着基于互联网、移动通信等高新技术基础而生的技术派新媒体,也完全可能存在着创新理念、突破自身,从传统媒体中羽化成蝶的实力派新媒体。

传统媒体的新媒体化是媒体在发展过程中的自我需要。任何一个媒体在成熟阶段都面临着同样的困惑:如何在实现"让别人重视你"之后产生新的追求?如何解决"高处不胜寒"下的种种危机?面对充满活力的新媒体,"不耻下问"是一种良好的学习态度,"师夷长技以制夷"更是传统事物在面对新竞争者带来的挑战时逆转局面的最好办法。

传统媒体的新媒体化更是媒体发展的必由之路。不进行新媒体化,传统媒体就有可能到此为止,至此而亡。只有进行新媒体化,传统媒体才有可能如凤凰涅槃一般,脱胎换骨,重获新生。

那么,传统媒体如何才能成功地新媒体化呢?

其关键就在一个词:需要,就是依据受众的需要来完成自身的革新。用户的需要也非常简单,也就是新媒体的两大核心特征:全态的及时与平等的互动。

2000年前后,国内广播电台重新崛起的势头吸引了不少理论界人士的注意。其最主要的表现是各地交通台日渐红火,并产生了"交通台模式",这使得不少人由此认定,这轮广播电台的高潮,和国内汽车产业繁荣发展,尤其是私家车日益普及的大环境密不可分。私家车的热销,无形中带动了广播播出终端的普及,而日益拥堵的城市交通环境、日渐增长的车上时间,使得有车一族重新回到了广播听众的行列。这是广播在2000年之后迎来新一轮发展高潮的一个重要外因。马克思主义哲学的基本理论表明，影响事物发展的因素中，外因只是诱导因素，起着最重要的决定性作用的往往是内因，更重要的内因在于，广播在自我的发展中自觉或不自觉地启动了自己的新媒体改造进程，而且又恰恰吻合了新媒体的两大核心特征。

新媒体所需要的"全态的及时"，不单指第一手新闻消息的及时发布与报道，还有其后对事件动态、发展、变化的及时跟踪报道，更有生活服务与娱乐休闲服务的及时发布。而1986年开始施行的"珠江经济台模式"就已经将全态化直播的理念贯彻至深，这就从表现形式上为实现"全态的及时"创造了最佳的条件。

以私家车主为主的各类机动车驾驶人员在汽车中的时间相对固定并富有规律，他们在不同时段的需求更是相对分明。更为重要的是，这些需求大多非常及时与迫切。在一天中的几个交通高峰期，如果路况信息一定要固守于以往的"整点新闻"或"半点新闻"模式，到点时再播，那么信息往往已经失去了意义。因此，在电台节目中就常常会出现这样的情形，主持人刚讲完一个笑话或者刚聊完一首歌，突然会说："好，现在我们插播一条刚刚收到的路况消息……"这时我们就能发现，这种打破原有节目栏目类型与时段分工的信息播出方式，并没有让大家觉得有什么不适，恰恰是这种受众所需的路况信息的及时播报，提升了电台服务的功能性，让受众更感到方便与贴心。

针对午后与子夜时分的听众在情感沟通方面的需要，电台便由感性、温柔的女性主持人推出情感倾诉与交流节目；清晨与傍晚听众对新闻快讯有了解的需要，电台便推出整点的新闻资讯栏目；听众在其他一些相对空闲的时段里有娱乐需要，电台就相应推出马路福星、幸运的哥（一般通过在指定路口的交通监控探头，随机抽中做出正确反应的汽车司机发送奖品）之类的娱乐节目。所有这些节目的表现形式都无一例外地采用了"直播"的模式。

这样，以交通台为主的这一新时期的广播电台，彻底地完成了自己的"及时化"改造，从而使得整个电台节目的样式呈现出一种即时流动、即时发展式的活力，呈现出新媒体的极大魅力。这才是以交通台为代表的新一代广播电台节目吸引听众的根本原因之一。

再看新媒体所追求的平等互动，那是放平乃至放低传播者身架的互动。在生活中我们可以看到，20世纪90年代以来，为了贯彻"为消费者服务"的理念，不少服务行业的办事大厅纷纷改低了办事柜台，甚至拆掉了办事柜台，换成普通的桌子，让用户在另一边也能平等地坐着与服务人员沟通。"珠江经济台模式"之后的广播正是在传媒领域率先"拆掉办事柜台"的实践者。

首先，广播节目引入了热线电话，全时段、高频率地接收听众的电话互动。在各地电台不断出现热线电话打爆、打不进的情况下，手机短信应运而生，广播节目敏锐地抓住了这一微小的技术创新，全面应用手机短信与听众进行互动，进一步拓展了互动用户的人群和范围。

其次，现在的广播节目主持人，不再追求标准划一的普通话与播音风格，而是通过不断口语化的语言，甚至带有方言特性的发音，加强主持风格的生活化特点，在心理上进一步拉近与受众之间的距离。有的主持人虽然不再保持千人一面的温文尔雅和四平八稳，甚至存在着许多常见的个人化缺点，但他们却更让听众觉得真实、自然。

因此，广播电台的再度兴起，不是传统媒体的回光返照，更不是违背媒体发展规律的旧式复辟，它是传统媒体进行新媒体化的可贵成果。

传统媒体的新媒体化步骤大致有以下三个阶段：

第一个阶段，借助互联网技术的应用完成自身改造。具体表现为：节目与内容转化为适合互联网传播的格式与形式；内容从业者通过互联网主动接触网络用户并开展交流互动；把互联网作为内容来源的一种重要渠道；积极研究互联网领域的先进技术并将其应用到传统媒体的生产流程中去。这一阶段可以简单地描述为"传统媒体上网阶段"，主要指传统媒体开设自己的官方网站，进入并占领互联网领域的滩头阵地，了解并开始熟悉互联网受众群体，积极将互联网中非常便利的网络传输、网络办公等新技术应用到传统媒体的发稿、审片以及快速制作等流程中来。

第二个阶段，与互联网技术相结合，打造介于两者之间的新媒体。这种做法多见于2005年以来不断高涨的传统媒体内部合力打造第四媒体的大潮中。相对于第一阶段，这阶段的主要特点是相对强化由传统媒体而来的官方网站的独立性，更多地以新媒体的要求指导网站的发展，在内部管理上对这类部门与机构开始逐步实施核算独立、人事独立与经营独立。

第三个阶段，走媒体融合之路，完成传统媒体向新媒体的转变。这一融合的时机相当重要。过早，在新媒体未实现强有力的引导作用时，仓促融合会使传统媒体的惯性与后滞力过大，逐渐走回传统媒体发展的老路，最后时刻功亏一篑；过晚，传统媒体则有可能病入膏肓，导致新媒体的理念与思路回天乏术，一切只得从头再来。就像体育比赛的接力跑一样，新媒体一定要提前起跑，在规则允许的交接区之内，更在传统媒体还没有筋疲力尽之前，把速度提上去，与传统媒体达到同步状态，完美地接棒并调整出发。

# 第二章　新媒体时代新闻采访的创新发展

## 第一节　新闻与新闻采访概述

### 一、何谓新闻

（一）概念的演变

"新闻"一词，在中国唐代指新的听闻和见闻。在宋代，"新闻"兼指刊有新鲜事的"小报"——以"邸报"所不载的大臣章奏和官吏任免消息为主、兼有时事议论等的民间出版物，受到当时政府的查禁。在日本，"新闻"二字至今仍指称报纸。在中国现当代，"新闻"既可指口头新闻，又可指大众媒介中的新闻报道作品。

然而，新的听闻有可能只是道听途说，不足为凭。眼见也未必为实，看到星星在闪烁、太阳绕着地球转，其实都是错觉。口头新闻、新闻作品都可能是不真实、不新鲜或人们不需要的，即假新闻、伪新闻、旧闻琐闻等，没有新闻价值，不是真正的新闻。

在 1919 年中国学者所著第一部新闻学著作《新闻学》中，作者徐宝璜说："新闻者，乃多数阅者所注意之最近事实也。"1943 年，时任中共中央机关报《解放日报》总编辑的陆定一提出："新闻的定义，就是新近发生的事实的报道。"后来范长江也对新闻下了一个定义："新闻就是广大群众欲知、应知而未知的重要事实。"

复旦大学新闻系主任王中教授引入传播学概念，把新闻定义为"新近变动的事实的传布"。宁树藩教授提出："新闻就是经报道或传播的新近事实信息。"有些学者又提出，应当还包括新近发现、正在发生、将要发生的事实的反映。

上述定义中，陆定一的定义影响最大，沿用至今。然而严格说来，这只是陆定一当年所处报刊时代关于报道的操作性定义，而非关于新闻的学术性定义。即使在操作上，电视时代已有大量的现场直播、正在发生的新闻，新媒体时代又有借助大数据，对一个时期以来的现象、趋势进行统计，对即将发生的事进行预测的新闻。而且，现在人们得知的许多新闻，并非从大众媒介的报道中看到，而是从朋友圈、微信群等社交媒介的告知和评论中得到，新闻发布、提供者也正日益注重报道以外的新闻传播。

新闻就是真实、新鲜、传播对象（或受众）需要的信息。

### （二）新闻是狭义上的信息

信息有广义和狭义之分。广义上说，信息是物质与能量的存在和运动所发出的各种信号，以及观点、知识、经验等经过大脑处理的产物。信息与物质、能量并列，构成人类生存环境的三大基本因素。各种声音、图像、语言、文字等，都是信息的形式。知识、经验和思想，音乐、电影和小说等，都是信息流。

狭义上说，即通常所说的信息，是减少、消除人们对事物了解、认识上不确定性的东西。例如，关于高校招生录取分数线的报道，消除了人们对这方面的不了解、不确定。这种信息越是明确具体，就越能消除不确定性，质量就越高。

新闻属于狭义上的信息。因而新闻报道中，"日前""闹市中心""一个中年人"等，就不如"昨天""南京路上""一个中年男子"等信息质量高。

### （三）新闻是事实性信息

信息有事实性、观点（意见）性、情感性信息之分。事实性信息是关于事实的存在；观点性信息包括学术论著、理论文章、杂文时评、演讲报告等里面的各种观点；情感性信息包括感情、态度和情绪。

新闻是事实性信息。观点和情感作为一种事实也可进入新闻，但其本身不是新闻。

新闻还必须完全符合事实，不能在事实的信息上添油加醋，不能有任何虚构，否则即使不完全是假新闻，也是虚的，也属虚假之列。

可见新闻的本源，即根本源头，就是事实。事实没有正确错误之分，而有真假之别，准确不准确之别。因而要强调新闻必须真实准确，而不是正确。

至于通常所说的新闻来源，即新闻报道的信息来源，则可以是事发现场，也可以是别人的转述，不一定是事实本身。

### （四）新闻是有新闻价值的信息

新闻不是所有的事实性信息，而是其中有新闻价值的信息。新闻价值是由信息中含有的"真实、新鲜、传播对象需要"的素质所构成，由此可得出新闻的定义。

## 二、新闻的定义

关于新闻的定义，历来众说纷纭，莫衷一是。大致说来，可以将中外新闻传播学家或新闻工作者关于新闻的定义分为以下五种：

（一）"事实说"

"事实说"即将新闻看作是一种事实或者是被传播的事实。其中，以美国新闻学家弗兰克·莫特和我国著名记者范长江为代表。他们认为，"新闻是新近报道的事情""新闻就是广大群众欲知、应知而未知的重要的事实"。事实是新闻的本源，强调这个观点，划清了新闻传播活动中的唯物主义与唯心主义的思想认识路线的界限。但是事实本身还不是新闻，因为不是所有的事实都具有新闻的价值，即使有新闻价值的事实要成为新闻，也需要经过新闻传播媒介的报道，而新闻传播媒介又是由人掌握的，因而新闻又带有主观色彩。一个关于新闻的定义如果不考虑这些因素特别是人的主观因素，是不完善的。

（二）"报道说"

"报道说"即将新闻视为一种报道或传播的活动。其中以我国新闻宣传事业的长期领导者陆定一为代表。他认为，"新闻是新近发生的事实的报道"。事实要成为新闻，必须经过新闻传播媒介的报道，但是新闻传播媒介的"报道"本身不是"新闻"。新闻和报道是两个不同的但又极容易混淆的概念。新闻报道是新闻传播媒介对新闻进行的报道，是一种社会活动形式及其表达方式。新闻是新闻报道的对象，是新闻传播过程中的传播内容。"报道说"虽然广为流传，但也有不确切的地方。

（三）"手段说"

"手段说"即将新闻归结为为达到某种目的特别是政治目的的手段。其中，以日本新闻学家小野秀雄和我国新闻学家甘惜分教授为代表。他们认为，"新闻是根据自己的使命对具有现实性的事实报道和批评，是用最短时距的有规律的、连续的出现来进行广泛传播的经济范畴内的东西""新闻是报道或评述最新的重要事实以影响舆论的特殊手段"。他们的着眼点是新闻传播媒介的舆论导向功能和新闻传播事业的阶级性。新闻和新闻传播事业是两个既有联系又有区别的概念。

（四）"兴趣说"或者"趣味说"

这种观点将新闻看成是能够引起受众的兴趣，特别是能够引起受众感官刺激的因素。这是西方早期报人比较一致的看法，他们认为，"对一个足以引起读者兴趣的观念或事情，在不违背正确原则下，所做的最新报道，皆为新闻""狗咬人不是新闻，人咬狗才是新闻"。受众的兴趣是构成新闻的因素，但不是构成新闻的必要的和主要的因素。不能把受众的兴趣放在首位，更不能一味追求和迎合部分受众的低级趣味。

（五）"信息说"

这种观点认为，新闻是经过新闻传播媒介传播的事实的信息。其中，以日本新闻学家和田洋一和我国复旦大学新闻学院宁树藩教授为代表。和田洋一认为："所谓新闻，就是当人们生活着的社会环境突然或者急剧地发生了变动，使人们处于新的状态之下，'瞭望者'判断一旦把变动告诉民众，将会使民众产生利害感、好奇心、兴趣或正义感，于是决定对变动加以报道，其报道的内容就是新闻。"宁树藩指出，新闻的特性就是"向公众传播新近事实的讯息"。这种定义既强调了新闻的内容，又肯定了新闻传播媒介（新闻传播者）和新闻价值的功能，因而比较符合学术规范。

据此，可以得出如下关于新闻的定义：新闻是经由新闻传播媒介传播的为广大受众所关心的新近发生的事实或情况的信息。

## 三、新闻采访的性质

（一）新闻采访的概念

新闻采访的任务主要有两个方面：一方面是针对新闻事件或者人物报道的目的，节选相关资料的收集和采录活动；另一方面是人员访察与查证的活动，即"采"与"访"的紧密结合。所以，新闻采访是新闻工作者为了报道新闻而进行的采集和分析新闻事实材料的特殊的调查研究活动，是全部新闻工作的基础和前提，也是每个新闻工作者必须掌握的一项基本功。

记者经过全方面的调查研究，逐步深入地认清客观事实，为新闻的写作和报道内容的准确做好充分的准备工作，这种围绕新闻主题而进行的观察、发现、了解、记录的新闻采访活动，是一个由感性到理性、由现象到本质的渐进过程，因而是要求具备较高专业知识的社会调研活动，新闻界普遍认为，采访包括如下四个环节：第一，寻找、筛选新闻线索；第二，准备相关新闻背景资料；第三，进行采访前的沟通、联系工作；第四，完成新闻采访活动。

（二）新闻采访的基本特点

新闻采访与一般的调查研究活动又有不同之处，它是一种特殊的调查研究。新闻采访的基本特点包括如下六个方面：

### 1. 求新性——目的的差异性

"新"，就是值得传播的新的信息和具有新意的事实，主要是新动向、新问题、新人物、新经验、新观念等。新闻事实要新鲜的、典型的、确凿的、生动的。

### 2. 求实性——内容的不同

新闻采访的首要原则就是真实，必须如实反映客观现实，最大限度呈现事实真相，对新闻事件和人物的真实了解和忠实记录，还原其本来面貌，以使公众更清楚地认知社会背景，了解社会现状。在采访阶段，如果记者不能做到实事求是，在写作阶段就会理屈词穷，导致无法顺利完成任务，使自己陷入尴尬被动的局面。

由于人本身的局限性，任何人在调查、分析、研究某一事物时，都会存在一定的主观色彩，但是，记者都应该努力把个人色彩降到最低，遵从事实本身的逻辑，从符合公众利益的视角呈现事实，采访时不能编造、夸张、想象、虚构，应该确保新闻内容源于客观事实。主观臆想形成的报道和道听途说式的报道都是不负责任的、脱离事实真相的报道。新闻报道不应该受到记者个人观点的影响，记者个人的意见和观点应该与新闻报道分开，这也是很多新闻机构坚决执行"采编分离"的原因，这样才能确保新闻报道的客观与真实。

记者要想客观真实地反映新闻事实，应该坚持做到如下六点：第一，客观准确地讲述事实发生的过程；第二，弄清楚全部消息来源；第三，理清事实的复杂背景；第四，忠实记录新闻事实当事人和知情者的原话；第五，不带有个人偏见和感情色彩；第六，从多样化的视角观察新闻事实。

### 3. 时限性——时间观念的不同

时限指构成新闻事实的具有传播价值的时间限度，也就是事实发生与报道之间的时间差。记者的采访讲求时效，要求在较短的时间里完成采访的报道任务。进入新媒体时代后，时效性的要求尤其严格，记者必须具有强烈的时间观念和突击采访的能力，把握时机和主动权，以最新信息赢得受众。

### 4. 多变性——空间观念的不同

记者采访比较灵活，通常只集中于一点，致力于发掘精彩素材，随时根据情况的变化调整采访对象和内容。

### 5. 连续性——研究方式的不同

记者的采访往往随着事物的发展变化，从不同侧面、不同角度进行连接采访，不断提供新的新闻信息。客观事物矛盾运动的阶段性，决定了新闻采访的持续性。所以要随着事物的发展变化、从不同侧面、不同角度，进行不断采访和连续报道，为人们提供有关的新闻信息。

### 6. 公开性——报道方式的不同

新闻采访是一项公开事实真相的社会调研活动。记者可以公开进行调查，也可以半公开和隐秘行踪进行调查，但是调查结果都是通过大众媒介向全社会传播。因此，采访时应该保证视角和内容与公众的普遍需求和兴趣相符，也要与社会舆论的基本要求相符，还要考虑到新闻报道可能产生的社会影响。在实际的新闻采访时，会有很少量的新闻以"内参"的形式提交给有关领导，但是毕竟不代表主流，只有一小部分。

在新闻采访时，记者必须充分考虑到新闻报道会产生的舆论影响和效果，如果以满足新闻受众猎奇心理和窥探他人隐私欲望为出发点的采访动机会给受访者带来负面影响。记者进行采访活动时，不能逾越新闻工作的伦理道德底线，这一特殊性，新闻记者要时刻遵守。

## 四、新闻采访的任务

### （一）调查事实真相

记者采访的出发点和归宿都是事实，事实的真实性是报道的生命。因此，在采访中，最重要的一项任务就是调查事实的真相，避免把假象和"不合理宣传性现象"当成事实。

### （二）发掘新闻价值

记者采访的核心任务是要获得有新闻价值的事实，因为任何一种调查研究都要求首先了解真相，得到真实的材料，只有记者采访才会要求发现真实事实的新闻价值，并把它采集起来。

新闻价值是记者采访时选择事实的重要标准，当记者听到某个事实时，应该用新闻价值这杆秤量一量，确定其有价值之后，再深入采访、采集。也就是说，记者在所有事实中要选择那些有新闻价值的；在一个复杂的事实中，要选择那些具有新闻价值的部分，为此，记者在采访过程中，要随时问自己三个问题：①这个事实对谁有新闻价值？②这个事实的哪方面对谁有新闻价值？③这个事实的哪方面对谁有什么样的新闻价值？

新闻价值就像矿藏一样，存在于某些事实之中，有时埋藏得还比较深，需要独具慧眼的记者把它识别出来，发现其所在并设法将它开采出来。

（三）迅速收集素材

记者在进行采访时必须尽量花费较少的时间，即了解事实的过程应该尽可能简短。对于绝大多数采访来说，记者需要迅速地了解已经发生的事实，选择适当的时机采集素材，有时甚至需要边采访边报道；而对于调查性报道这类看似时效性并不太强的采访也不能拖。

时间性是对采访这种特殊的调查研究的质量的一个重要指标，采访必须在保证质量的前提下求速度。贻误时机，不仅会降低采访的质量，甚至可能使记者的全部采访内容"报废"。

# 第二节　新闻采访的流程分析

## 一、采访的准备阶段

（一）寻找新闻线索

首先需要明确的是，新闻线索是指新近、正在或即将发生的事实的简明信息或信号，而这些事实可能成为新闻或具有一定的新闻价值。

在采访实践中，新闻线索很可能就是饭桌上的一场闲谈，或者网络上论坛或博客中的几句话，又或者只是手机里的一条短信，它们和新闻事实比起来，比较零碎，出现往往有偶然性。

另外，由于是简明信息或信号，新闻线索中往往真假掺杂，需要记者去查证，而且，很有可能查证后才发现相关事实没有新闻价值。

### 1. 新闻线索的作用

对新闻采访工作来说，新闻线索至少有以下三个方面的作用：

（1）凭借新闻敏感，记者产生采访愿望

新闻敏感是指新闻工作者迅速、准确地识别新闻事实，判断新闻价值的能力。西方新闻界通常称新闻敏感为新闻嗅觉，或称"新闻鼻""新闻眼"。对记者来说，新闻敏感将有助于他们发现新闻线索，或在已有的新闻线索中发现最有价值的信息，从而激发采访的愿望。

没有新闻线索，记者的采访工作可以说是无源之水；有了新闻线索，记者才可以凭借新闻敏感进行深入采访，了解新闻线索背后隐藏的事实或真相。

（2）为记者的采访限定主题或方向

正由于有了新闻线索，记者在进行采访时才有了明确的主题或方向。

（3）提升新闻报道质量，利于新闻竞争

每一次新闻报道都相当于一次"战役"，而在"战役"中要想取得胜利，就得依靠高质量的信息。事实上，好的新闻线索无疑是优秀媒体报道的前提。此外，掌握的线索越多，意味着可供选择的采访方案越多，记者活动的选择余地就越大，那么，新闻报道就可谓达到了最优化。

在媒体竞争环境中，信息同质化是应着力避免的。从这个意义上说，独家新闻往往成为媒体的核心竞争力。独家新闻从何而来呢？当然很多时候是仰仗于独家的新闻线索。如果各家媒体都着力构建自身的信息渠道，根据新闻线索采制新闻，那么，不但媒体将呈现百花齐放的姿态，受众也能享受到更好的新闻信息服务。

### 2. 新闻线索的获取

既然新闻线索如此重要，那么，通过什么途径才能找到它们呢？对记者来说，无非两种选择：发挥主观能动性，自己去寻找；坐等新闻线索上门。

在新闻工作中，新闻线索的获取方式主要有：

（1）从固定渠道获得新闻线索

不论是报纸、杂志、广播、电视还是网络媒体，除机动记者外，大多数记者都有固定的领域，所以他们又被称为"跑口"记者。"口"的意思其实是领域。

如果简单地划分，根据记者所跑的"口"，他们可分为时政、国内、国际、文化、体育等领域记者。对应的"口"往往是新闻线索的重要来源。这些"口"对应的又包括党政机关、企事业单位和群众团体等。

在新闻实践中，从固定渠道获得的新闻线索占据最重要的地位。比如，西方学者研究发现，"绝大部分报纸90%的当地新闻都是从固定的渠道和来源获得的。每家报纸的固定渠道都是相同的，记者每天接受本市新闻版编辑的指派……大多数新闻都是用常规的、有形的、系统的方式采集到的。记者绝不是在街上闲逛，打听有什么新闻发生。每一天，负责某个专业领域的记者都要报道发生新闻最多的部门和组织，即使是凶杀、火灾、车祸和灾难之类的新闻，通常也是从固定的渠道——警察局、消防局、医院和当地气象部门得到的"。①

这也基本反映了中国新闻记者的日常工作现状。所以，这也提醒记者应该密切关注固定渠道。

（2）由通讯员和受众提供新闻线索

相对于固定渠道来说，通讯员和受众具有不确定性，因为即使通讯员成百上千，也不见得他们每天都会提供新闻线索。受众的数量虽然更为庞大，但他们能否提供新闻线索以及提供何种新闻线索同样是一个未知数。

但不可否认，通讯员和受众提供了一条广泛获得新闻线索的渠道。大家知道，任何一家媒体的记者数量都是有限的，虽然曾经有媒体宣称"有新闻的地方，就有我们"，但基于人力和财力等因素，记者无处不在显然只是一个梦想。所以，通讯员和受众在某种程度上成为记者的"眼线"，为丰富新闻产品贡献了力量。

这就难怪，几乎每家都市报都在报纸上赫然印上征集新闻线索的电话，有的甚至进行有奖（甚至重奖）征集；电视台的新闻栏目同样也公布手机号，向观众征集新闻线索。受众提供新闻线索的方式除了热线电话外，还包括读者来信（书信、电子邮箱）和群众来访等。

（3）编辑和记者发现、寻找、挖掘新闻线索

除了上述两个渠道，在新闻实践中，还有大量新闻线索是由编辑、记者发挥主观能动性，积极发现、寻找和挖掘出来的。

编辑和记者寻找新闻线索的渠道常见的有这么三种：

---

① ［美］凯利·赖特尔，朱利安·哈里斯，斯坦利·约翰逊. 全能记者必备：新闻采集、写作和编辑的基本技能（第七版）[M]. 宋铁军，译. 北京：中国人民大学出版社，2005：27-28.

第一，从互联网上寻找新闻线索，其中包括网络论坛、博客和微博等途径。不过，需要注意的是，这些渠道的信息往往需要细心验证。

第二，其他媒体的报道。编辑、记者可以通过中外媒体对某一事件或人物的报道发现一些新闻线索。但有一个前提是，该新闻报道尚有深度挖掘的价值。

第三，其他途径，包括从朋友处或通过生活观察获得的新闻线索。此外，还应关注重大节日、纪念日和季节变化等。

总之，新闻线索的获得渠道是多种多样的。在实践中，上述获取方式往往并存，共同拓展新闻报道的领域和题材。

### 3. 新闻线索与信息来源的关系

在新闻实践中，我们需要辨明两个概念，那就是新闻线索和信息来源。

门彻认为，"记者报道的质量取决于消息来源的质量"。而记者依赖三类消息来源获得信息：人的消息来源（包括当局和新闻事件的参与者），物的消息来源（包括记录、文件、参考资料和剪报）和在线消息来源（互联网上大量人的消息来源和物的消息来源）。[①]

若按上述界定，极易将新闻线索与信息来源等同起来，但实则二者是有区别的。比如，学者休梅克和里茨就认为：消息来源是提供资讯给媒体组织用以转换为新闻报道的个人与团体，如特殊利益团体、公关活动实施人或其他新闻媒体（如通讯社）……作者们认为，以上这些资讯供应者分别掌握了不同类型的消息内涵，而新闻记者必须将这些内容经常相互矛盾的资讯串联起来，写或播出既正确又完整的新闻报道。中国台湾学者郑瑞城则提出："广义的消息来源，泛指能作为新闻素材的任何资料。这些资料是新闻工作者透过人物访问、收集之文件和观察所得。其中，人物访问（以口语资料为主）是最常运用，也是最重要的新闻来源。所以狭义的新闻来源，单指人物而言。"[②]

可见，消息来源往往是指新闻报道中消息的出处（包括人、物），所以常被称为新闻来源。它与新闻线索的区别在于，新闻线索并不一定能够成为新闻报道中的内容，而消息来源则体现在新闻报道中。在实践中，通过记者的工作，部分新闻线索会转化成消息来源。

---

① ［美］门彻. 新闻报道与写作 [M]. 展江，译. 北京：华夏出版社，2003：337.

② 城国仁. 新闻媒体与消息来源——媒介框架与真实建构之论述 [M]. 台北：三民书局，1999：162-163.

尤其需要注意的是，消息来源具有可被查证的特点。也就是说，消息来源可以追溯到具体的人或物。但新闻线索往往具有匿名性，有时与新闻事件并无直接关联，所以无法查证提供者。

（二）明确采访目的

### 1. 一般性的目的：公开报道

在艾丰看来，采访是新闻记者（包括业余报道者）为进行新闻报道所做的了解客观情况的活动。采访，作为一种特殊的调查研究，首先表现在它具有特殊的目的——传播，或者说，是为了进行报道。[①]

这种认识当然是对的，因为它体现了采访是为了大众传播的本义。上文谈到了新闻线索和新闻来源的关系，当编辑或记者得到一新闻线索时，若要采访，显然是因为觉得它有新闻价值，也就是值得大众关注。当然，在这一过程中，记者会做出判断，采访后的结果显示是否有价值，也就是应否公开报道。若答案为"是"，那么，部分新闻线索会转化成消息来源，可供查证；若答案为"否"，那么，记者的采访工作几近白用功，纵然费尽心力，大众也无从得知。所以在新闻媒体内部，往往流传一句话："刊发／播才算胜利。"

就这一层面来说，采访的结果能否公开报道，受制于以下三个方面的因素：

（1）国家的法律法规

作为记者来说，他／她首先是一个公民，而且是守法的公民。所以在采访工作中，无论是采访的题材、采访的对象还是采访的方式，都应该在法律法规许可的范围内。

举例来说，记者的采访内容不得涉及国家机密。若采访神舟十四号飞船的科研人员，不能问核心技术方面的问题，即令对方主动提及，也不能呈现在报道中。又比如，在采访军队军事演练时，不能透露部队所在的番号，也不能透露演练的重要部署情况。

同样，在采访时，记者还应尊重被采访对象的权益。比如企业的商业机密是不能公开报道的。又比如受访对象的隐私是不能随意披露的。

若不遵从包括以上提及的法律法规，记者进行公开报道后，显然不但会影响到个人（包括法律的惩罚），还会影响到传媒机构的生存。

所以在新闻工作中，依法采访和报道，是工作之需，也是保护自己的方式。

---

① 艾丰. 新闻采访方法论 [M]. 北京：人民日报出版社，2007：10-11.

（2）新闻政策或新闻纪律

1996 年 9 月 26 日，中共中央总书记江泽民到人民日报社视察并发表重要讲话。他对新闻工作者提出如下要求："要打好政策、法律、纪律根底。要牢牢掌握中央的方针政策，牢牢掌握国家的法律法规，严守新闻工作纪律。新闻工作是政治性、政策性极强的工作，新闻工作者如果对党的方针政策和国家的法律法规不懂不熟悉，那就宣传不好，甚至出现误导，给党和人民的事业带来不应有的损失。"

（3）主观因素的影响

记者采写的新闻作品能否公开报道，除了受制于国家的法律法规、新闻政策或新闻纪律外，还受新闻工作者自身因素的影响。其中最重要的一点是，记者有没有采访到核心事实或新闻当事人。

从这个意义上来说，若记者采写的内容只是道听途说，显然就不具备公开报道的资格。采写扎实，注重消息来源，这也是传统媒体之所以具有公信力的原因之一。另外，在网络媒体上，大量类似传言的信息（以"据传"为标题）铺天盖地，往往需要传统媒体跟进采访，而不少是不实传言。这不但浪费了受众的注意力，也浪费了新闻工作者的劳动。网络媒体的这种操作手法，近年来影响到传统媒体的新闻生产，一些未经证实的信息公开报道，造成很坏的影响，应引起我们的反思。

## 2. 实践操作目的：报道主旨

正如前文所述，新闻采访是一种特殊的调查研究。除了公开报道之外，在新闻实践中，记者采访和写作时往往有一个新闻报道的主旨，这一主旨将影响记者的采访。因此，在现实表现中，记者采访时往往带有一定的目的性。

需要指出的是，在采访实践中，寻找新闻线索和明确采访目的往往呈现三种情况：新闻线索出现在先，采访目的在后；采访目的在先，新闻线索出现在后；获得新闻线索后，在采访过程中才明确采访目的。在采访的准备阶段，主要体现为前两种情况。

（1）新闻线索出现在先，采访目的在后

这样的情形往往占到新闻采访的大多数。在各大媒体中，都开设有新闻热线或网络爆料邮箱，也就是面向公众征集新闻线索。通过这种方式，普通民众成为媒体的通讯员，这也是群众办报（媒体）路线的一种体现。

在这些新闻线索中，突发性新闻占了很大的比重，比如某处发生火灾、凶杀案、野蛮拆迁等事件。在这些线索信息传送到记者的大脑前，记者并没有采访目的，他们压根就没有想到会有什么样的事件发生。

当一条新闻线索出现后，记者（包括编辑）会迅速判断：有无必要到现场或通过电话采访。记者的采访目的往往也在酝酿中。比如，对某处发生火灾的新闻线索，显然记者的采访目的就是报道现场（包括现状、死伤情况），并通过采访获知火灾原因。

除了上述突发性新闻外，在各媒体中，除机动记者外，多是专注于某固定领域、人物和事件的采访与报道者，也就是业界常说的"跑口"记者。他们日常工作中采访和报道的选题来源，多由固定领域的工作人员提供。与突发性新闻不同，这些新闻线索的提供方是国家机关或公司，其信息的可信度相对较高。在新闻采访和写作中，它们往往成为可靠的信息来源。

不过需要指出的是，"跑口"记者在初期往往也只是得到极其简略的信息，比如说对方告知第二天要开一个有关转基因农作物的会议。到底该会上有什么新闻点，记者应提什么问题，是需要现场参会后才能决定的。

（2）采访目的在先，新闻线索出现在后

这种情况在媒体的日常操作中也常出现，最主要体现在专题策划报道过程中。比如，2022年北京冬奥会召开前，媒体就会策划一系列的报道，以反映"一起向未来"这一主题。基于这样的目的，编辑、记者就要根据报道策划的需要，寻找采访的对象及事件。

这有些像"主题先行"。在一些典型报道、成就报道、连续报道或系列报道中，正是因为有了提前的策划和设计，才让报道更加出彩。

（三）选择采访对象

**1. 记者与采访对象的关系**

在新闻采访中，记者显然是主体，而采访对象则是记者在采访中最主要的客体（其他客体如物证等）。从这一意义上说，记者首先要对采访对象进行主动筛选，选定后还要有一定的了解，才能在采访中形成良好的互动关系。

正如有研究者指出的那样，主体与客体的关系是互相依赖、互相作用、互相决定的，"在采访过程中，记者和采访对象在关系互动中呈现出主客体性。记者的采访写作是主体性的呈现，同时也具有客体性。采访时，记者主体心理本身就具有客体性，即主体在观察感受、分析客体（采访对象）时，在做采访前的各项准备时，在采访过程中思考问题时，都会有一种移情换位意识，以使自己的采访行为符合客体接受心理"。①

同样，我们也应认识到，作为记者采访的对象，他们同样有主体性的一面。这表现在采访对象是社会活动、人际传播中收集加工交流信息的主体，是提供新闻信息的主体。

在明确上述关系后，记者在挑选采访对象、与采访对象打交道时，显然应该更加理性，从而适应采访工作的需要。

### 2. 如何选择采访对象

选择采访对象至少应遵循以下两项原则：

（1）与报道主旨有相关性

这是一项最基本的原则。记者所有的采访均应围绕报道主旨进行，不然其他采访不但浪费自己的时间，同样也浪费采访对象的时间。

同样，如果记者去采访一个新闻人物，除了采访当事人外，还应采访其周边的人，比如同事、亲友。设想一下，如果去采访一个不认识当事人的人，显然会答非所问。

（2）有利于消除信息的不确定性

选择的采访对象要与报道主旨有相关性，这应是第一位的。此外，新闻作为对新近或正在发生的事实的报道，其最基本的职能是传播信息，这些信息公开传播的重要目的是消除信息的不确定性。

消除信息的不确定性还有一个功用，那就是有利于呈现新闻事件的真相。比如对同一个事件，相关人员有不同的说法，通过对采访对象的选择，找寻一些物证，显然能在最大限度地逼近真相。

### 3. 熟悉采访对象的基本情况

当确定好采访对象后，记者还需要做一些准备工作，也就是人们常说的"做功课"。其中，主要的工作是熟悉采访对象的一些基本情况。

有研究者发现，"采访中，常出现这样的情形：某记者与某采访对象谈了半小时乃至一小时，费了好大口舌仍谈不到一块，于是，或是出现冷场，或是只得结束采访。原因固然不止一个，但采访突破口未选准，是其中的重要原因之一。采访突破口能否选准，直接依赖记者对采访对象特定的心理差异是否有准确的判断，而对采访对象心理差异的准确判断，又直接取决于记者对采访对象基本情况的熟悉和研究程度的深浅"。②

① 靖鸣. 采访对象主体论 [M]. 北京：人民出版社，2005：89-90.
② 刘海贵. 当代新闻采访（第二版）[M]. 上海：复旦大学出版社，2004：105-106.

采访对象的基本情况包括姓名、性别、年龄、职业以及兴趣、爱好等，甚至新近的活动及言行等。了解这些基本情况的目的在于更好地与采访对象打交道，从而有利于采访工作的进行。

（四）创造采访条件

### 1. 说服采访对象接受采访

选择采访对象至少应遵循以下两条准则：与报道主旨有相关性和有利于消除信息的不确定性。因此，采访对象选择的范围是相对固定的，而且是比较小的。

在这些目标人群中，并不是记者选定的对象都愿意接受采访。其中有多种原因，比如，认为你代表的媒体不够分量，你的采访由头不具有吸引力，或顾及接受采访后影响到个人或他人利益等。为了说服对方接受你的采访，显然需要做一些工作。

所以在说服采访对象接受采访方面，最重要的其实是两点：自报家门（媒体名称）以及报道目的。

### 2. 采访前的准备工作

在说服采访对象接受采访的同时，还需要商定好适宜的访问时机和拟订好采访计划。

在商定访问时机方面，特别应注意的是，要确认时间、月份以及星期几，甚至几点几分。如果约定的时间距离当下太远，需要在临近采访的头一天再度与对方确认时间、地点。

有研究者指出，在商定时机时，有两个环节应掌握。[①]

①让采访对象自己约时间。这样做可以直接产生两个功效：第一，采访对象自己约的时间，一般是其感到最空闲、最方便的时间，便于注意的指向、集中和稳定；第二，对方一旦约了时间，人皆有之的守信心理随之产生，在这一心理的支配、驱使下，对方届时便会守约……

②与采访对象一起工作、生活片刻。常有这样的情况，对方约的时间太迟，记者不能接受，而记者约的时间，对方又不能产生注意，此时此刻，记者不妨"客随主便"，与采访对象一起工作、生活一段时间。

上面两种策略的确非常有效，也有现实操作性。但第一种做法往往是针对那些时效性不强的话题或人物采访，若采访看重时效性，那么让采访对象约定采访时间显然不现实。这就需要记者积极主动地约定时间，而当采访对象在约定的时间里无法接受采访时，应

---

① 刘海贵. 当代新闻采访（第二版）[M]. 上海：复旦大学出版社，2004：136-137.

该找寻可替代的其他采访对象进行采访。第二种做法也是常见的采访策略，通过这种方式，不但可以拉近与采访对象之间的距离，还可以借此发现一些新问题或新动向，它们可能成为记者采访提问的新素材。

此外，在采访前的准备工作中，记者本身也要注意外在形象，最基本的要求是着装与采访的场合应该相符。举例来说，若是在对方的办公楼里采访，显然就应穿得比较正式才对；若是户外采访，倒是可以穿着休闲装。

但在实际工作中，不少记者并未注意到着装问题。比如，笔者在做记者时就发现，有的女记者在公开场合采访时穿着超短裙，浓妆艳抹，显然，这是对采访工作不重视的表现，很容易引起采访对象的反感。另外，试想一下，若采访对象是男士，这显然也会影响到对方的注意力。同样，一些男记者在采访时也不太注意着装，常在夏天穿着人字拖、短裤就参加一些盛大的发布会。

尊重别人，从尊重自己开始，这是采访工作中应该遵循的行为准则。记者应有这样的认识：自己是代表所在的媒体（以及对应的受众）进行采访，而不是私人采访。正因为新闻采访是一种职务行为，所以有行为准则方面的要求。

此外，采访计划的拟订也是新闻采访准备工作中的重中之重。记者在采访前有成文的采访计划，才能做到心中不慌。越是重大的采访活动，计划越应该周密，提问设计越应该细致，其中，采访计划一般应该包括：①主题，即报道的目的或主要内容。当然，在采访过程中可能修改主题。②报道类型和篇幅。当写采访计划的时候，要根据报道的类型（比如通讯、消息等）对稿件进行合理的篇幅设计。③采访对象及提问的内容。④采访的手段、方式（包括采访的流程设计）。⑤采访的时间和地点。

## 二、采访的访问阶段

### （一）提问的技巧

作为一种社会活动，新闻采访主要与人打交道，而与人打交道的方式则主要通过对话来完成。从这个角度来说，提问与倾听是新闻采访中的常态，其技巧则是新闻记者应该掌握的。

### 1. 提问的基本原则

由于在采访时，记者往往带有很强的目的性，同时在约定采访对象时本来就花费了不少心思，所以提问首先应遵从一定的原则。

（1）紧紧围绕采访主题

在采访提问中最怕跑题，因为它不但浪费双方的时间，而且对报道毫无帮助。一如写作文一样，提问应紧紧围绕采访主题。

但是，这说起来容易，在刚刚入行的一些记者中，广泛存在采访中跑题的情况：一种情况是记者控制或引导不了采访对象，任由对方"满嘴跑火车"，记者充当一个录音机，进行"有闻必录"；另一种情况是记者本身对采访的目的认识不够深入，导致提问的精确度不高。

对上述第一种情况，记者可以做如下工作：①事先明确告知采访对象，此次采访的目的是什么，报道的体裁和篇幅大小；②在采访过程中，必要时可打断对方的无用陈述，引导到主题上；③提高对新闻价值的判断力，从而在采访活动中寻找到最有价值的信息，而不是采访和写作照单全收。

对上述第二种情况，记者应该做好采访的准备工作，多与编辑沟通，理清思路，明确采访目的并拟好采访提纲。

（2）最短时间获取应知信息

记者在提问时还得讲究效率，力争用最短的时间获取欲知和应知信息。

节省时间的方法不外乎两种：一是如前所述，紧紧围绕采访主题进行提问；二是记者前期准备要充分，防止临阵慌乱，既浪费采访对象的时间，也浪费自己的时间。准备充分与不充分的判断标准，就在于记者是否已经明确知道哪些信息是自己应该知道的（和受众应该知道的保持一致）。

（3）提问与倾听并重

在新闻采访活动中，记者与采访对象的言行是互动的。就提问而言，采访并不是记者个人观点的宣讲会。在不少记者招待会上，我们都会发现，一些记者获得提问机会后，会大段阐述自己对某一事件或人物的理解，最后才提出一个问题。但前述信息对被提问者形成了巨大的干扰，也浪费了双方不少时间。

记者应该充分认识到，提问不是展示自己的风采，而主要是从对方身上获取利息，因此，应该做的工作是引导或激发采访对象回应自己的疑问或展开记者所提到的信息。在这一过程中，倾听应是记者的基本素养。

对一次成功的采访而言，受众关注的其实不外乎两个方面：记者提了什么样的问题，采访对象都回答了什么。因此，提问与倾听并重，也是受众对记者的要求。

## 2. 提问的基本方法

（1）提问的三种形式

一般来说，提问的主要技能与方法可纳入三种形式：正面提、侧面探、反面激。

①正面提。正面提是指提问要开门见山、直截了当，而不是拐弯抹角。这一形式一般适用于自己熟悉的采访对象或相对比较正式的采访（如对政府官员）。此外，记者要求对方回应某一传闻或某一评价时，也多采用正面提的方法。

正面提是提问的基本形式，其好处在于有一说一，提问和回答都比较直接。这看起来非常简单，但在实践中，正面提也需要做大量的功课，才能将问题提到点子上。

②侧面探。侧面探就像打仗一样，采用迂回战术，实行"农村包围城市"的方法，最终得到想要的答案。这一方法往往用于采访对象不愿谈及的内容。

③反面激。反面激是指记者通过一定强度的刺激设问，促使采访对象从"要我谈"转变为"我要谈"。这一形式通常用于有顾虑怕谈或自恃地位和身份高而不屑于谈的采访对象。在实施时，反面激可用两种方法来实现：其一是激问；其二是错问。

（2）提问的技巧

①提要害问题。记者提问需要有一个准备过程，在准备中除了考虑提哪些问题外，更重要的是要排列和筛选出哪些是要害和关键问题，因为新闻价值主要寓于其中。

所谓要害就是事物内部联系的中心环节。抓住了中心环节，也就掌握了某种事物的本质。如果记者能提出要害问题，一开口就会让人觉得提问者是有思想的，提的问题是有分量的，这样对方谈问题就敷衍不了，很难草率搪塞过去。要害问题会使对方产生强烈刺激，留下深刻印象，促使被采访者向着真实、深入方面做出反应。

②提受众最关心的问题。记者的采访并不是单纯的个人行为，实质上是代表广大受众去收集、了解他们欲知而又未知的信息。受众最关心的问题，记者心中要有数。

我们应该意识到，受众关心一些新闻信息的原因，大体不外乎重要性、接近性、必要性、实用性等方面。

所谓重要性，指的是信息对社会产生的效应，那些能够直接影响社会和人们生活的信息，对受众就具有较强的吸引力和影响力。

所谓接近性，指的是与受众接近的程度。越是同受众接近的信息（时间、地域、职业、性别、年龄、知识、心理、志趣、文化等），就越是能引起受众的关注和渴求。

所谓必要性，指的是需要让受众了解的必要程度。必要性越大，就越有新闻价值。

就采访提问来说，记者一定要问与主题相关的问题。

所谓实用性，指的是信息对受众有用的程度，是信息作用于社会的直接体现。实用性又表现为获取知识、提高认识、改变态度、影响行动、引导舆论等多方面。

③提被采访者最熟悉的问题。记者采访要想获得真实可靠而又丰富多彩的信息，提问时就必须掌握和了解被采访者对哪些问题最熟悉，最具有发言权，这样被采访者就可以轻而易举地从大脑信息库中提取出记者所需的信息，从而彼此都会获得满意，既满足了记者的所求，又满足了被采访者的表现欲。相反，提出对方不熟悉的问题，即俗话所说的"哪壶不开提哪壶"，就会造成被动局面，使采访活动"卡壳"。

④提问要注意与采访对象的互动。采访活动是采访对象与记者双向性的交际活动。这一点，容易被一些记者忽略，尤其在提问时，记者应明确自己与采访对象的角色：二者的地位是平等的，而在交流时，则是双向的。

（3）提问的注意事项

①提问宜简洁。记者对每个要提的问题，事先在长短上均应精心设计、推敲，原则是宜短勿长。这是因为人的记忆能力有限，提问一长，采访对象容易前记后忘，以致常常出现采访对象要求记者将问题重复一遍的情况。

②提问宜具体。记者在提问时应将一个大的、总的问题破开，化成若干个具体问题，一个一个地细细问清，也就是说，提问具体化了，大的、总的问题也就自然解决了。在采访时，切忌提笼统的问题。

③提问宜间接。在采访中，虽然偶尔用封闭型提问（仅要求对方回答"是"或"否"），但大多数时间用开放型提问，从而让采访对象回答得更详细。

④提问宜深刻。一个好的记者，往往能通过现象看到本质。同样，在提问时，他不会浅尝辄止，而是深入事件的核心，通过与采访对象的对话接近真相。

⑤提问宜自然。记者提问其实是在进行一场谈话，所以记者要营造一个亲切、自然的谈话气氛，这样才容易谈得顺畅。

（二）现场观察的方法

在采访过程中，提问是主要的手段，现场观察同样也是获取信息的重要手段。在文字报道中，由于记者的观察会更丰富和生动。

## 1. 现场观察的功能

在采访活动中，现场观察所具有的独特功能体现如下：

（1）能核实新闻事实的真伪，增强新闻的可信性

一些新闻报道失实、人们感到其可信性不强的主要原因之一，是记者仅凭采访对象的口头介绍或摘编网络信息进行报道，没有到现场去看个究竟，也没有进行核实。虽然"眼见不一定为实"，但只要记者到现场观察后，对各种信息进行筛选和甄别，再加上提问，应该能最大限度地接近真相。

（2）能激发鲜明、生动地表达事实的灵感，增强思维的敏捷性

许多记者常有这样的感受：有时候，一般的材料有了，主题也较明确，但苦于找不到鲜明、生动的表现形式。若是细心观察，或一个很平常的现象或一个细节，就能让大脑豁然开朗，迅速把全部材料有机组织起来，使观点、材料得到深刻而又新颖的表现。

（3）能加深对主题的理解，增强新闻的深刻性

人类对客观事物的认识过程，实质是从现象到本质、由感性到理性的心理活动过程。通过观察，记者可以看到很多现象，有一些感性认识，再通过自己知识的积累、采访所得进行理性思考，从而对采访的题目认识更深刻。

（4）能为通俗地解释事物提供前提，增强新闻的可读性

涉及专业性较强的报道，记者需要形象化地描述一些场景或事件，不然受众接收这些信息时非常费劲。要完成形象、逼真又通俗的报道，记者不到现场观察是不可能做到的。

（5）能使采访对象触景生情，增强认知的可能性

在采访一起事件或一个人物时，如果抽离特定的环境，采访对象的话匣子不一定能打开。所以在采访时，可以邀请采访对象回到事发现场，使其触景生情，从而打开思绪。

此外，现场观察的独特功能还包括观察在特殊情况下成为唯一的采访手段。比如记者在暗访时，由于无法以记者身份采访当事人，甚至很难接近现场，所以只能采用观察的方式。

## 2. 现场观察的注意点

（1）明确目的

正如采访前应拟定采访计划一样，在现场观察时，记者也应先用大脑思索一番：我为什么要观察？观察什么？怎么观察？如果上述问题没有想清楚，记者到了现场，很容易像无头苍蝇一样，不知观察什么，最终收获极少。一个窍门是，记者到现场后，围绕报道主题仔细观察。这样既省力，又容易发现一些有价值的事物。

（2）多多请教

记者在现场观察时，应主动请教受访单位的行家或是熟悉情况的人。如条件允许，应尽可能请行家陪同观察。在采访中，记者要以学生的身份虚心请教，同时保持好学之心。

（3）抓住特点

记者在现场观察时，要抓住现场的特点。如果记者没有抓住特点，那么就没有必要写进报道中。试想，现场给记者都没有留下特别的印象，怎么可能给受众留下深的印象呢？所以，抓住现场的特点，就成为记者观察的重要使命。

（4）善用大脑

有些记者身临实地采访，亲眼看了现场，却抓不到有价值的材料，症结何在？这主要是看而不察所致，或者是不善用脑所致。

（三）做好采访记录

## 1. 做好采访记录的方式

在新闻采访中，做记录的方式往往有笔记、脑记、录音、拍照或摄像。

其中，笔记的优势在于，不易发生差错。正所谓"好记性不如烂笔头"。但它的劣势在于，记录速度较慢，不易记全，在记录时影响与采访对象的交流；有的采访对象见记者记录会有些发怵，从而影响采访效果。

脑记也是心记，全凭脑子记忆，把观察到的、听到的默记于心。由于解放了记者的手和眼，这有利于记者与采访对象交流。

录音记录的好处在于，可以将记者与采访对象的对话一字不漏地记下来，实现"有闻必录"。但缺点是录音整理耗时耗力，若有多人谈话，则易出现整理错误。

拍照和摄像可视性强，比较生动、形象，有助于丰富报道的形式。

综合以上几种记录的方式，不少方式虽然有长处，但也有短板。记者在记录时，应根据采访对象、采访题材以及报道时间的要求选择不同的方式。

我们认为，记录最好以笔记为主，心记为辅。若有可能，则应全程录音或录像。另外，即使是电视采访，虽然全程摄像，也应做一些笔记，以方便事后整理。

## 2. 做好采访记录的方法技巧

（1）记采访要点

除录音、摄像外，记者无法将采访内容事无巨细地记下来。再加之并非采访内容对报道都有用，所以在笔记、脑记时，记者应该择其要者而记之。

所谓要点，是指新闻事实的关键材料或新闻事件发展过程中的关键之处。记者记录时，尤其应偏重与报道主题有关的可能用在报道中的内容。

（2）记易忘点和疑问点

其中，易忘点是指一些时间、地点、人名、数字及各种专业术语。因为记者容易搞错，所以应当场记录，并对不清楚的地方及时与采访对象核对。

疑问点是指记者在采访对象回答问题时，或在现场观察时，发现的一些不明白或有问题的信息。这些是记者特别需要记录的。

（3）记观察所得

在采访时，记者可以观察采访对象的一举一动。此外，还可以观察现场的情形。记者应该多记有新闻价值的细节。

比如，在做人物专访时，采访对象的衣着、面部表情、办公室书柜的图书等都是有意思的信息，值得记者记录，并呈现在报道中。

（4）录音摄像的技巧

在录音前，应该先测试电量是否足够。录音采访最好使用有计数器的录音机或采访机，这有利于录音的整理。录音时，记者也应做一些笔记。

摄像时，也应注意电池电量，同时要注意录影带的容量。此外，在户外采访时，最好使用防风话筒。

## 三、后采访阶段

### （一）整理采访记录

在后采访阶段，整理采访记录是第一步工作，这是记者整理已有采访成果及理清思路的重要一环。整理采访记录的方法有多种，比较常用的如下：

### 1. 重读采访材料

记者采访后要尽快重读自己的笔记，当然最好在几小时内做这件事，趁对采访的记忆还很鲜明时。短暂的记忆消失得很快，而如果中间还插入其他的采访，记者可能就会把不同受访者的一些话搞混。重读采访材料的最大目的是让记者对采访材料有一个宏观认识，以方便采访主题的提炼及做好报道。

### 2. 梳理采访材料

（1）以主题词来梳理

在记者的采访中，不论是提问、回答，还是现场观察，都可以归纳为不同的主题。通过一些主题词，可以让记者理顺采访材料，在写作时也可以迅速地找到需要的材料。

（2）检查是否有遗漏

在对采访材料的梳理工作中，还有一种方法是查漏补缺，也就是将遗漏的内容补齐。

对笔记内容来说，由于采访中不可能记得完整，所以记者需要将认为重要的内容补充完整。可行的方法是根据录音资料进行补充。此外，记者观察部分，若有遗漏，也应补上。记者漏问的问题也应列出来。

即令是采访过程的录音、影像资料，也应检查在采访时是否有遗漏的地方，如漏问的重要问题或采访对象未回答的问题等。

（二）验证采访材料

在验证采访材料的技巧方面，主要有以下两种方法：

### 1. 常识判断法

所谓常识判断法，是指依据众所周知的知识对人物或事件进行判断。这需要记者不断更新头脑里的认知版图，从而形成很好的认知坐标。

### 2. 多方查证法

除常识判断法外，还有一种方法是多方查证法。对采访材料或观察所得有疑虑时，记者可向包括采访对象在内的相关人士收集其他相关材料进行查证。

（三）补充采访

如果说整理采访记录的意义在于对采访已有成果形成整体认识并提炼报道主题，验证采访材料则是确保材料的真实可信，那么，补充采访则是在上述两项工作之后的行动表示。以下情况需要补充采访：

### 1. 事实不清

在采访材料中，不论是提问部分还是现场观察部分，往往都容易出现纰漏，其中最常见的是事实不清。

事实不清主要表现在时间、地点、人物缺失或不明确，事件描述不完整。当出现事实不清时，不但会影响记者对所涉材料的判断，也会影响报道的准确。当然，如果报道中有事实不清的部分,这也会影响受众对事实的判断,从而质疑记者所在媒体的专业水准。

事实不清的原因有多种,比较常见的是记者没有问及相关事项,而采访对象也没有提及。还有一种情况是,记者记忆有误,导致事实不清。

### 2. 材料有疑点

（1）采访材料有歧义

在采访时,记者提问后得到的回答,或记者对内容的判断都有可能产生歧义。此外,还有一种情况是采访材料与公开报道或官方资料不一致。

记者提问后得到的回答有歧义的情况在实践中不少见。比如说,"他才来,许多人,还不认识""三个学校的校长参加座谈""几个工厂的工人""学生的天职是读好书",上述句子都有可能产生歧义,如果在记者的采访材料中有这样的回答,一定要再次采访以确认其真实的意思表达。

在采访材料与公开报道或官方资料不一致时,记者需要对采访对象进行补充采访以验证信息或对信息来源进行甄别。在采访或前期收集的材料中,尤其是日期、人名和数据等与其他资料出现冲突时,记者就需要细心查证。

（2）采访材料逻辑混乱

在采访材料中,材料有疑点还体现在逻辑混乱。出现这一情形的原因有多种,采访对象思考不周全或故意含糊其词等都有可能。其结果之一就是让记者对相关内容产生疑惑,对一些关键事实或观点认识不清。

针对含糊其词或避而不答的情况,记者若在采访材料中有所发现,可以对当事人补充采访。若对方仍不正面回应,记者可选择采访其他相关对象对相关疑点进行对照或说明。

## 第三节　新闻采访的常用方法

新闻采访的常用方法有提问法、现场观察法、座谈调查法、文献研究法。上文已经对提问法和现场观察法进行了论述,本节主要对座谈调查法和文献研究法进行介绍。

### 一、座谈调查法

座谈调查是一种特殊的采访方法。上文提到的提问法,也称个别访问,主要是记者与采访对象之间一对一的采访活动，而调查座谈则是一对多或多对多的采访活动，即一名或多名记者对多名采访对象的采访活动。这种采访形式是由记者召集并主持由数位采访对象参加的座谈会，调查了解某些社会关注、群众关心的重要问题。记者采访，到底采用个别访问还是开座谈会，要根据采访选题的重要程度、难易程度以及目的和任务而定。一般性的简单事实的采访，不必开座谈会，只需个别访问就可完成。有些采访任务，则无须个别访问，只须开个座谈会就可完成。还有一些采访任务，不但要开座谈会，还要进行个别访问，甚至要反复采访几次。

座谈会调查的目的有所不同。有些座谈会主题比较集中，调查的问题比较重要和突出，有一定的时间性，座谈结束后，就可以成稿，以调查报告形式报道出去，这可以称为报道型座谈会；另一种座谈会，是媒介根据新闻报道的方向、策略，或者对社会舆情有目的地研究、收集材料、听取反映、了解情况，可称为研究型座谈会；有时候，记者在采访过程中，也可能为某个问题临时召集座谈会，可称为随机型座谈会。

（一）座谈会的作用

### 1. 提高工作效率

记者一次性地把某一事件、事实的知情人召集在一起，可以在较短时间内完成对相关情况的了解，而避免分头个别访问，核实材料，占用太多时间。

### 2. 便于集思广益

参加座谈会者是知情人，他们不但能为记者提供自己所知的有关情况，而且还能主动提供其他知情人及其背景材料，用来说明他是言之有据的，有时甚至会带领记者去寻找其他证人，勘察事发现场，使记者获得更鲜活的材料。

### 3. 利于激发灵感

座谈会一般会有一定的主题，但实际上一进入现场，即使是围绕主题的谈话也会是各说各有理，不人云亦云是人们参与性的普遍心理，这就为记者提供了触发新闻敏感的机会。与会人员观点相互撞击，他们与记者的看法不同，不但能够修正记者的固有见解，而且还能为记者提供新的思路。

但是座谈会不是万能的，它的局限有三点：

第一，座谈内容的敏感程度会决定效果的好坏。一般来说，越是敏感的内容效果越好，而和与会者不相干的内容，他们本身就没有兴趣，效果一定不好。

第二，不当的时机选择会使座谈走过场。比如，要了解企业工会的作用，最好是在工会选举之前。如果放在选举之后，工人们会认为座谈毫无意义。

第三，不当的与会人选会造成座谈内容部分失真。不能开乌鸦麻雀会，与会者应该是敢讲真话、会讲实话、有思想的人。同时要注意这些与会者的身份要与主题内容相关。

（二）座谈会的开法

用座谈会形式进行调查采访，与个别访问不同，与专门调查机构的调查也不同，它是一种集体性对话、群众性讨论，所以有特殊的要求。

### 1. 会议规模要适当

一般座谈会的规模应控制在三至七人。人数太少，代表性、普遍性就值得怀疑；人数太多，就成了开大会，不但成本太大，而且众说纷纭，莫衷一是，记者无法从中提取有用的东西。所以记者在召集座谈会时要注意，如果一次还不能满足要求，可以分几次开，但千万不要开大会。

### 2. 与会人选要慎重

记者调查时间有限，内容集中，选择与会人员和座谈能否成功关系重大。记者应根据座谈会的中心内容选择与会人员。

①选择的标准可以用"知情""明理""懂行""敢言""善讲"10个字概括。知情是指与会人员对记者所要调查了解的事实内容是曾经亲历或耳闻目睹者；明理是指与会人员不但明白小道理，而且明白大道理，能把事实放在客观现实或历史背景里去比较判断；懂行是指与会人员对记者调查的内容是行家，不仅能知其然，而且能知其所以然；敢言是指与会者敢说敢为，敢作敢当；善讲是指与会者有一定的表达能力和说服能力。

②选择与会人员时要注意分层分类。所谓分层是指不同层级的人最好分开座谈。比如，让厂长和工人参加同一个座谈会，工人很难说出自己的真实意思。这就不如按领导层、执行层和普通工人分开座谈。所谓分类是指不同类型的人不要参加同一个座谈会。如关于女工福利的座谈会不必请男工参加，再如平时个人关系比较紧张的两个人也不要参加同一个座谈会，以免会上意气用事，分散精力。

③选择与会人员的方法，可以采取记者与被调查单位共同协商的办法。按花名册随机抽点与会人员，固然会更客观些，但无法按上述的选择标准，达到比较满意的程度。因为记者对基层群众不熟悉，因而可以根据调查内容，与企业人事部门联系，把自己的选择要求和标准告诉对方，由对方提出倍数级的人选，再由记者从中随机挑选，这样可以适当避免人为因素的干扰。

### 3. 时机选择要恰当

记者调查通常有时间要求，也通常是带着问题开座谈会的，开座谈会的目的是解决问题。但从目的和效果上看，选择恰当时机才会产生好的效果。如前文所举工会作用的调查就是这样。一般来说，选择座谈会时机应注意以下四个方面：①与会人员有比较充分的时间；②与会人员有比较充分的思想准备；③与会单位的同意和支持；④避开生产旺季。

### 4. 内容准备要充分

一是座谈会内容的准备。记者要开座谈会，目的是什么？内容有哪些？也就是说记者想通过座谈会得到些什么材料，想解决些什么问题，事先都要有充分的思想准备。最好先拟定一个比较完整的提纲；再根据这个提纲设计出一两套方案来。比如先谈什么，后谈什么；哪些重点谈，哪些一般了解；哪些观点需要确凿证据，哪些观点需要改变；可能出现什么问题，如何进行引导等，都要做到心中有数。

二是座谈提纲还应该事先告知与会人员，让他们也有思想准备和材料准备的时间。鼓励与会人员在周围群众中征求意见，让他们成为某种意见的代表来参与讨论。

### 5. 座谈形式要灵活

座谈会应由记者亲自主持，而且最好不要有非与会人员在场。记者在座谈会开始时应向与会者重申座谈会的目的和要求、预计座谈时间，以及其他能让与会人员放心的表示，比如，不向单位透露谈话内容，不经谈话人允许不在报道中透露谈话人姓名等。

记者主持座谈会要注意调动与会人员发言的积极性，最好的办法是把自己融为其中一员，这样有利于活跃会议气氛，让与会者能够畅所欲言。第一个发言人非常重要，记者对他要从语言和神态上给予足够宽容和鼓励。比如，直视对方表示对他的发言的重视，时不时地对他的一些看法表示肯定和赞赏。当座谈会进入正轨后，记者同样不要放弃赞赏和鼓励，只是要适时把谈跑偏了的话题拦回来，同时，对一些新的观点或事实要有特别的关注。

记者在座谈中可以经常穿插一些问话，求证一些问题；采用提问的方式方法向与会者提问。

### 6. 调查反馈要及时

记者召集座谈会进行有目的的调查，对调查结果要有及时的信息反馈。这种反馈不是针对参加座谈会的谈话人，也不是针对所在单位的领导或该单位的上级部门，而是通过媒介向公众公开报道，一些暂不宜公开报道的则以"内参"形式反馈给党政领导机关。

## 二、文献研究法

### （一）文献研究的特点与局限

事物的发生、发展除了有现在进行时的信息之外，在时间和空间的坐标体系中，总是会有过去时、完成时的信息，而这些信息记者是无法目击或参与的，只能通过文献的收集来弥补。

在采访中，文献研究是根据一定的调查目的来收集和分析文献，以此获得所需资料的方法。一般来说，文献研究常用于采访的准备阶段，一部分文献内容经过访问或观察或本身核实后，能够成为可供写作的材料使用。

文献研究法具有如下比较突出的特点：

第一，时空性。运用文献研究法，可超越时空条件的限制，研究那些不可能亲自接近的采访对象。如通过对历史文献的收集及使用，让采访在时间维度上扩展，从而更有深度，像"青藏铁路通车"的报道（见第一章），就使用了"文成公主进藏""美国旅行家保罗·泰鲁的断言""孙中山的梦想"等多处文献资料，让报道更加深刻。

第二，间接性。运用文献法，不直接接触被访者，在调查过程中不存在与被调查者的人际关系问题，不会受到采访对象的反应性心理或行为的干扰。如在采访准备之时，通过文献研究可以获得采访对象的背景资料，使记者与采访对象相识于采访前，正式采访时记者能有备而来，有的放矢。

第三，效率高。文献资料的信息量非常大，在很短的时间内就能掌握大量的信息；同时，随着电子检索、网络搜索的功能强大，收集文献资料越来越简单，只要轻点鼠标，海量的信息就源源而来。

文献研究具有以下局限性：

第一，文献资料缺乏生动直观性。文献研究所获得的主要是书面信息，是纸上的东西，第二手资料甚至是第三手、第四手资料，这些材料很多都经过了高度概括与抽象，具体信息较少。对于新闻传播而言，生动具体的内容往往容易被受众接受，文献研究所得到的信息往往比较枯燥，不利于传播效果的发挥。

第二，文献资料并非能随意获得。由于许多文献都不是公开的，记者往往很难收集到其中所刊载的信息，如一些调查数据虽然很有价值，但出于种种原因不能公开获得，或公开使用，给记者的采访带来难处。

第三，文献资料的真实性难以鉴别。任何文献的内容，都受到一定时代、一定社会条件的局限，受到撰写者个人素质的制约，因此，文献资料并不都是可靠的。

第四，文献资料往往落后于客观现实。因为任何文献都是对过去社会现象的记载，而社会生活是不断发展变化的，当前最新的正在进行时的内容，通过文献难以反映出来。

因此，文献研究不能取代访问与观察，只能作为访问与观察的补充。当今一些记者热衷于从网上获得新闻线索，经过一阵狂搜后，弄来很多材料，不去核实、调查，然后就拷贝、粘贴，形成一篇报道。这样做的结果就是导致虚假新闻的泛滥，媒介公信力的下降。

（二）文献的收集与整理

## 1. 文献的收集

为了使报道有较高的质量，记者应该抱着对受众负责的态度，做好资料的收集工作，绝不能掉以轻心。否则，完成的报道将会纰漏百出，成为废品、次品，浪费人力、物力、财力和时间。一般的采访，所收集的文献包括地方志、报纸、期刊、档案文件、党政机关简报（快报）、内部出版物、年鉴以及学术界的科研成果等，有时还需要收集人物传记、回忆录等。

常见的文献资料收集方法有以下几种：

（1）检索法

检索法即利用已有的检索工具找文献资料的方法，有电子检索和手工检索两大类。在我国，过去记者调研往往以手工检索为主，而今天电子检索的功能越来越强大。它是一种先利用检索工具书确定所需文献的具体篇目，然后再予以查找的方法，此法适合收集存于图书馆系统的文献。如记者所需人物传记、地方志、图书期刊，可去图书馆以主题关键词的方式检索。在图书馆收集资料时，要充分利用图书资料的内容提要、目录、全宗介绍、案卷目录、卷内目录、专题目录等检索工具，必要时应向图书馆有关工作人员咨询，以免盲目搜索。

（2）追溯法

追溯法也称参考文件查找法，即利用某一文章、专著末尾列出的参考文献目录，或者是文章、专著中提到的文献目录，追踪查找有关文献资料的方法。

（3）专家咨询法

专家咨询法指向熟悉有关文献或文献检索工具书的人说明自己所需文献的类别范围，请他们指点门径并告之进行查找的方法。如在一些图书馆就有这样的服务，你提出你需要的材料主题，请专家帮助查找。

（4）上网查找法

上网收集资料方便、快捷，且内容广泛，只要调查者输入自己想要查找的内容马上就能查到相应的资料，但是网上收集到的资料难以系统、全面，质量也难以保证。

## 2. 文献的整理

文献查到之后，为便于整理和分析，一般需要进行整理并积累下来。整理资料的时候要注意，必须注明出处。如果是著作，则要注明作者、书名、出版单位、发行年月；如果是报纸，则要注明作者、篇名、版次、报纸名称、发行年月日；如果是杂志，则要注明作者、篇名、杂志名称、卷（期）号、页码等，以便核对；同时，如果其内容需要直接进入写作，通过写明出处，能够解释记者所用事实的来源。注明出处的工作不能省，不能怕麻烦，否则将来修改、审稿需要核对事实时造成困难和重复劳动。而重新查找资料补注出处的工作相当麻烦，工作量很大，延误工作时间，欲速则不达。

（1）做卡片

使用卡片收集资料，易于分类、保存、查找，并且可分可合，可随时另行组合。卡片可以自己做，也可以到文化用品商店去购买。一个问题通常写在一张卡片上，内容太多时也可以写在几张卡片上，当然，在收集资料的过程中，要不要做卡片，可根据各人习惯，不必有死板规定。

（2）做笔记

做笔记，这是任何一个记者收集文献后都必要的，好记性不如烂笔头，找到自己需要的文献后，在阅读时要随身带笔和纸，随时记下所需资料的内容，或有关的感想体会，理论观点等。在做笔记时，最好空出纸面面积的三分之一，以供写对有关摘录内容的理解、评价和体会。

（3）剪贴报刊

将有用的资料从报纸、刊物上剪下来，或用复印机复印下来，再进行剪贴。把应剪贴的资料分类贴在笔记本、活页纸或卡片上，这种方法的优点是可以节省抄写的时间。

（4）电子保存

从网上收集下来的资料可以制作电子文档进行保存。制作电子文档时，可以将收集来的资料认真阅读后仔细加以分类，进行研究。如按观点进行分类，把资料编成组，这"一定的观点"，可以是综合而成的观点，也可以是自己拟定的观点，比如，记者在收集关于三峡工程的资料，就可分为赞成派、中立派、反对派三大类，分别存在不同的文档中，方便查阅。也可以按项目来分类，即按照一定的属性，把收集的资料分项归类。如三峡工程的资料，可以分为历史、争议、建设、运营等几个项目，相关资料分别整合。

（三）文献的使用

### 1. 收集文献资料应紧密围绕采访主题

文献资料浩如烟海，若不紧紧围绕采访主题，漫无目的地查阅，会花费大量的时间而收效甚微，应紧紧围绕调查采访内容收集文献资料，以提高收集的效率。

### 2. 收集的文献资料应尽可能丰富

采访主题确定之后，收集文献资料要不遗余力，尽量运用各种方法将采访所需的文献资料全部收集到手。包括从图书馆查找书籍、期刊和报纸、从网上查找网页等。

### 3. 应注意尽量收集原始的文献资料

一般来说，原始文献资料比加工过的资料可靠，可以成为分析研究的重要依据和比较研究、动态研究的重要资料来源，故文献调查中应注意尽量查找出文献资料的最初出处，以提高文献资料的权威性与可靠性。

### 4. 注重对收集的文献资料的鉴别

资料不等于事实，对资料不可不信，不可全信，选用资料应该谨慎。文献内容的真伪及可靠程度的判定直接影响报道的可信度，必要的鉴别是不可缺少的一环。有些事实，有时各家报纸之间，或报纸与档案，或图书与报纸、地方文献与档案有不同记载与报道，记者都应收集起来，进行比较分析，对记载、报道不同之处及可疑不清楚之处，务必调查了解清楚，不能主观武断。若发现可疑之处，一般可通过对同类、同年代文献的相互比较，对文献做出鉴别。

通常而言，图书、报纸和档案资料有不同说法，应以档案为准；内部资料与对外宣传资料有不同说法，应以内部资料为准；距事件发生时间早的资料与距事件发生晚的资料有矛盾，应以距事件发生时间晚的资料为准；距事件发生地近的资料与距事件发生地远的资料有矛盾，应以距事件发生地近的资料为准。至于统计数字，凡是国民经济及社会发展的完成情况，应以政府统计部门的为准。未纳入政府统计部门统计的一些数字，应以政府办公厅（室）或有关主管部门的统计数字为准。

# 第四节　新媒体时代新闻采访技巧优化

## 一、新媒体时代新闻采访面临的困境与挑战

### （一）新闻监督管理方式未能取得创新发展

新媒体时代背景下，新闻记者想要获取优质的新闻线索与独家信息，增强自身采集信息的准确性、全面性与影响力，就必须注重新闻采访各个环节的创新与升级。受众获取新闻信息与资讯报道的渠道和方式变得更加多元化、多样化，这在某种程度上也导致了网络上的各种信息缺乏客观性、准确度与真实性，各类不实新闻与虚假信息层出不穷。因此，新媒体必须花费更多的精力与时间针对各类新闻信息的真实性进行全面监督。众所周知，传统媒体采编与制作新闻必然需要一个系统化的流程。以电视媒体为例，在日常电视新闻采编工作全面开展过程中，需要经过报题、策划、派出记者实地采访、撰写稿件、编辑制作，最终才能传播推广。在日常新闻采编工作中，新闻采访者往往需要花费较长的时间和路途赶赴现场去收集和整理各类新闻信息，所以这留给电视新闻记者充分思考与总结的时间必然较少，并且会在一定程度上影响新闻采访工作的整体效率、质量。新媒体时代，要想全面增强新闻记者采编工作主动性、积极性，并且确保新闻传播途径和方式不断创新，就必须全面加强新闻监督管理的力度，并且借助相关制度的创新来有效缓解和减轻新闻记者自身的工作压力与精神压力，进而让新闻记者能够在良好的制度保障与媒体环境下充分发挥出自身的优势。

### （二）新闻记者对新媒体技术的掌握与应用不够熟练

传统媒体时代，新闻采访工作较为固化、单一。新闻记者通常运用一支笔、一个采访本、一部数码相机或者一个录音笔就能完成整个采访工作。而新媒体时代，随着各类新媒体技术、新媒体设备、新媒体平台的创新发展，新闻采编工作同样也面临着科学化的创新、升级和完善。新闻记者在日常采访工作中想要在第一时间获取更加丰富的新闻线索与相关信息动态，就必须高度关注和重视新媒体技术的应用与实践，并且能够熟练掌握各类新媒体设备、新媒体技术，借助先进的新媒体平台进行多元化、多层次、全方位的传播

和推广新闻。在日常新闻采访工作实际开展过程中不难发现，相当一部分新闻记者在网络信息收集、新媒体技术应用及视频制作剪辑等方面缺乏丰富的经验和过硬的技术，并且对新媒体技术和新媒体设备的应用还不熟练，结果导致在新闻采访过程中经常会手忙脚乱、没有头绪，严重影响新闻采访与报道的整体效果与质量。新媒体时代需要新闻记者能够投入充足的时间和付出一定的精力培养自身的互联网思维，学习新媒体技术，进而能够从容、冷静、沉着面对新媒体时代各种类型的新闻采访。

## 二、新媒体时代新闻采访技巧的创新要点

### （一）创新新闻采访方式

新媒体时代背景下，新闻采访工作的创新要点众多，但其中一大重要的创新要点就是必须全面创新新闻采访方式。新闻采访工作者应当在日常采访过程中借助合理、科学、有效的手段从受访者或者新闻当事人那里获取准确、可靠、真实的信息。新闻记者想要提升自身新闻采访质量和速度，就应当针对采访方式进行创新升级，能够结合不同的实际情况与现场情景针对传统采访流程和采访模式进行科学、合理的改进，进而获取更多丰富的信息与线索，提升自身新闻采访工作的整体效率。

### （二）创新新闻采访内容

"互联网+"视域下，受众获取和接触各类新闻报道与信息资讯的方式多种多样。因此，新闻的报道方式也必然存在着各种较为明显的差异。比如说，受众能够借助各类移动终端和先进的移动通信网络搜索和获取自己想要的各种信息。这种情况对于新闻报道的时效性与及时性必然提出了更高要求。新闻记者在日常新闻采访过程中想要确保新闻的影响力、曝光度与受众满意度，就必须对受众关注的热点、焦点等新闻话题进行策划与整合，并且在全面提升信息采集速度的前提下，创新新闻采访内容和呈现方式，进而吸引受众的注意力，积累更多的忠实受众与媒体用户。

### （三）拓宽信息收集渠道

针对新媒体时代新闻采访的创新要点而言，在全新媒体时代背景下，能否拓宽新闻信息的收集渠道和获取途径，已成为新媒体时代新闻采访工作者亟待解决的一个重要课题。客观而言，先进的新媒体技术的创新发展不仅能促进新闻传播内容的升级和创新，也能够改变受众的生活习惯与生活方式。新闻记者在日常新闻采访工作中需要不断加强和重视各类自媒体和流媒体新闻，尤其是针对抖音、快手、今日头条等平台新闻的关注

度必须日益提升。新闻记者要借助上述新媒体拓宽新闻信息的收集、获取途径和渠道，进而提升新闻采访速度和质量，紧抓新媒体时代的热点新闻脉搏，拉近与受众之间的距离，为其提供更加优质、亲民、生动、有趣的新闻信息和媒体服务。

### 三、新媒体时代新闻采访技巧的优化策略

#### （一）新闻记者应实现新闻视角的创新

无论是传统媒体时代，还是新媒体时代，新闻视角对于新闻采访工作而言极为重要且不可或缺。优质的、良好的、精准的新闻视角能够提升新闻采访质量与彰显新闻价值。因此，新闻记者要在日常新闻采访工作中开阔视野，提升自我观察力和判断力，展现出良好的新闻敏感性，在日常工作与生活中及时发现和寻找各种优质的新闻素材。值得一提的是，新闻记者在日常新闻线索的发掘与收集过程中，需要对该新闻事件是否具备新闻传播度、关注度及核心价值进行精准的判断，并且能够以此作为重要的依据，对新闻事件所发生的起因、经过、结果进行细致的推敲，还能够站在一个全新的新闻视角，深入挖掘新闻事件背后不为人知的故事与内容，确保新闻的客观性、真实性与深刻性。

#### （二）新闻记者应当注重自我思维创新

对于新媒体时代的新闻采访工作而言，新闻记者是否勇于创新思维理念和思想尤为重要，这与整个新闻采访效果和质量息息相关、密不可分。从某种程度上来讲，新闻记者自身的思维将直接影响到新闻采访的基本方向与目标。因此，新媒体时代，新闻记者要注重自我思维的创新与升级。具体来讲，新闻记者在日常采访过程中，可以结合实际情况和新闻事件的背景、人物、影响等多个角度进行综合性、整体性的新闻调查，进而明确采访目标，做好相应的策划报道。新闻记者应当针对新闻采访进行合理化的拟定，进而为接下来的采访工作顺利开展奠定良好的基础，选择正确的方向。在日常新闻报道的策划、采编与制作过程中，新闻记者需要做好新闻题材的筛选与整合工作同时需要提前选择最佳的采访形式与采访语言，并且不断创新自我思维方式，提升新闻采访和报道的质量与效果。

#### （三）新闻记者应做好采访前期准备

新媒体时代背景下，新闻记者要提升采访技巧和采访水平，在日常各项采访正式开始前需要做好采访前期的各项准备，进而保障信息收集的质量和效率，确保能够在采访过程中收集到更多重要且关键的信息。具体来讲，新闻记者在正式采访前需要了解受访

者情况，并且提前掌握新闻事件对受访者产生的各种影响。在这一基础上结合自身已经了解的各项信息制定新闻采访提纲，这种有备无患的全面准备能够确保在实际采访过程中，新闻记者的采访思路与逻辑不被各种客观因素所干扰与打乱，并且能够有效确保新闻采访的有序性和全面性。与此同时，在正式新闻采访之前，新闻记者需要对采访设备和采访工具进行精细的检查和调试，确保在整个采访过程中的采访工具"万无一失"，让新闻采访能够顺利、流畅、高效地开展。

（四）新闻记者在采访中应学会倾听

新媒体时代，新闻记者想要提升新闻采访水平，还要注意新闻采访工作不仅仅是采访者从头至尾的单方面提问，受访者回答，而是一种心与心的交流、沟通和互动。因此，新闻记者不仅要能够提出优质的问题，还要学会倾听。只有通过良好的倾听，新闻记者才能够让受访者体验和感受到一种尊重与关注，并且能够敞开心扉，说出新闻事件的来龙去脉以及相关重点内容，新闻记者也会因此获取到更多的有效信息和重要新闻点。与此同时，在人物采访过程中，新闻记者还要提升记录的速度和效率，能在较短时间内将倾听到的受访者讲述的新闻事件和心路历程进行有效记录，确保后期新闻撰写有充足的素材支持。

（五）新闻记者应提升语言表达能力

毋庸置疑，语言表达能力的高低与新闻采访效果和质量成正比。新媒体时代，想要提升新闻采访技巧，提高新闻采访质量和效率，新闻记者就必须不断提升自身的语言表达能力。新媒体时代，受众日常的交流沟通方式不断更新与升级。因此，在新闻采访过程中新闻记者也要与时俱进，完善自身的语言表达方式，运用更加生动化、亲切化、精准化的新闻采访语言拉近与受访者之间的距离，进而为广大受众提供积极正确的舆论引导。只有新闻记者语言表达能力较强，在表达方式上与广大受众的语言表达习惯和语言运用特点相适应，才能够有效提高受众对新闻报道的理解、接受程度，全面提升新闻采访报道的价值和媒体影响力。

（六）新闻记者应增强采访的科学性

新媒体时代，受新媒体新闻报道风格与方式的影响，传统新闻采访方式与手段也在不断创新与完善，并且新闻采访内容已经呈现出丰富化、多元化与多样化特点。广大受众对于新闻报道的要求和需求正在不断提升，这无疑对新闻采编工作提出了更高的专业性要求。想要全面优化新闻采访技巧，新闻记者需要增强自身采访工作的科学性与合理性。

例如，借助"多管齐下"的采访策略与方法，在同一时间，完成不同的采写与编辑工作，进而针对优质的媒体资源与新闻线索进行最佳的有效利用和筛选，全面提高新闻报道的效率与质量。

（七）新闻记者应听取合理化建议

新媒体时代，想要优化新闻采访技巧，提高新闻采编质量和效果，新闻记者还应当高度重视与关注受众的评价、意见与观点，结合新媒体时代受众的不同新闻口味与不同新闻需求的创新变化对自身工作进行有效调整、完善和改进。在新媒体技术全面应用和推广视域下，受众能够借助各种方式、渠道和途径与新闻记者进行交流、互动与沟通，如评论留言、后台留言及发送弹幕等。因此，新闻记者需要认真、虚心、专注地听取和采纳各种合理意见，并且能够与受众进行及时的意见交换与信息沟通，这样不仅让受众感受到应有的尊重，还能留下良好的印象。

# 第三章　新媒体时代新闻写作的创新发展

## 第一节　新闻写作的一般特性

### 一、新闻写作的特点

#### （一）敏于捕捉

新闻工作者要追新逐异，并且着力于标新立异；新闻要力避老生常谈、依样画葫芦，力避报道、评述生活的陈词滥调。新闻工作者，要写出好的新闻，就需要善于捕捉蕴藏在现实生活中的丰富而有意义的新闻题材。但对生活中的种种"新异"，一般人往往习以为常，熟视无睹；加之生活在其前行的轨迹中闪现的奇光异彩，总是一掠而过，一瞬间便成陈迹。这就要求新闻工作者有敏锐地捕捉新异从而摄取新闻的能力。这种敏锐能力不是轻易就能具备的，需要新闻工作者有较高的思想理论修养，能深入生活，留心各种各样的事情，将新的发现、新的感受、新的分析思考写进"新闻手记"。这样的功夫下得越深，捕捉新闻的敏锐感就越强。

#### （二）勤于采访

对于新闻工作者而言，很大一部分工作就是采访这个实践活动。

采访活动不是一般的活动，其中包含着许多学问，可以说，它是一门专门的科学，是一种艺术，同时它不是单个的活动，而是一个完整的体系。

如果要使采访能够按照预期顺利进行，就要在采访还未开始时拟写采访提要，对采访对象有一个大概的调查，找准采访对象，在采访过程中注意采访方式。

#### （三）精于构思

采访主要是为了能够得到准确真实的情况，当有了这些内容后，要拟定出切合要旨的新闻稿，这就需要花费一定的心思来进行精心构思。这就包括新闻主旨的确立，新闻材料的选用以及处理和安排等。这些环节不是简单就能确定下来的，而是要结合具体的材料，通过材料的整理和分析来得到最终的决定的。精于构思，一个"精"字体现了写作主体的匠心独运；一个"构"字体现了写作主体的下笔慎重。

（四）疾于运笔

前两个环节结束后，就说明材料准备好了，构思工作也做好了，那么接下来要做的就是开始正式的写作了，新闻写作不同于别的问题的写作，讲求一个时效性，因而就客观上要求写作时要疾于运笔，迅速成篇，交付发表，这样才不致贻误时机。

当然，运笔要"疾"，不仅仅要讲求效率，同时也要保证质量，做到快中求好。

运笔之疾的能力，不是一时半会儿就能练就的，而是需要勤学苦练，在长年的写作基础上累积而成的。只有勤耕不辍，方能才思涌流，下笔如神，妙笔生花。

## 二、新闻写作的基本环节

### （一）标题写作

标题具有画龙点睛的作用，通过标题往往能窥探整个篇章的内容主题。因而，标题可以说是整个篇章内容的浓缩。新闻的标题如同一扇打开的窗，透过这个窗口，我们能看到里面的世界，同时，它又如人的眼睛，要能传情达意，表达出新闻的核心内容。通过标题，读者能够迅速了解整个新闻的主题。如《人民解放军百万大军横渡长江》，通过这个标题，读者可以轻易了解到这篇新闻的主要事件就是"百万大军横渡长江"的真实事件，精练又准确。

### （二）导语写作

新闻导语如同文章的内容简介，它一般比较简洁，扼要地揭示核心内容，具有先声夺人的作用。新闻导语一般出现在新闻的开头，一般只有简短的一段或者一句话。主要是告诉读者这条新闻的内容是什么，为整个新闻制造适当气氛，奠定整体的基调，引起读者兴趣。为了能够使读者读下去，通常就要运用生动的语言，把最容易打动读者、最新鲜、最重要的事实放在前面，这样就能够起到先声夺人的作用。例如，《人民解放军百万大军横渡长江》第一句"人民解放军百万大军，从一千余华里的战线上，冲破敌阵，横渡长江"是导语，这个简短的导语既揭示了整个新闻的主要内容，又为整篇新闻打造出一种紧张的气氛，未见其文，先闻其声，先声夺人。

### （三）主体写作

新闻主体是整篇新闻的主要部分，一般要以内容充实，层次清楚取胜，当然，它不同于小说的娓娓道来，在语言上力求精简。整篇新闻如同一棵大树，而主体就好比树的主干，决定着整篇新闻的行文走势。一般而言，主体承接导语，是对导语内容的展开和阐述，用真实的、典型的、具体的材料，印证导语中的提示。

### （四）背景写作

背景的作用是烘托和深化主题，但不能喧宾夺主。新闻不同于别的文章，它是在特定的历史条件和特定的环境中产生的。也就是说，新闻的产生都有一定的背景。选取好的新闻背景，往往能够起到给整个新闻润色的作用。同时增加知识性和趣味性，不仅能够引起读者的兴趣，同时还能让读者更好地理解整篇新闻。当然，在具体的新闻写作时，一定要注意背景的篇幅，因为背景不是主体，不能喧宾夺主。每条新闻都有不同，因而背景可有可无，要根据具体情况而定。

### （五）结语写作

结语要注意简要概括，进行评论或提出希望。结语出现在整篇新闻的末端，它是整篇新闻的收尾。它的作用是概括总结，阐明事实的意义或指出事件发展的趋向，让整篇新闻看起来结束得不是那么突兀，同时给读者留下思索和回味的余地。

新闻一般由标题、导语、主体、背景和结尾组成。但不是每篇新闻都具有这五个部分，有的新闻就没有导语和背景。还有的新闻把背景和结语暗含在主体中。所以要具体情况具体分析。

## 第二节　新闻写作应遵循的规律

### 一、价值律——通过新闻写作显现新闻价值

新闻写作与新闻采访在对新闻价值的处理上是不同的。新闻采访更多的是"挖掘"新闻价值，即通过大量收集信息，被采访对象有选择、有侧重地复述"事实"，从而"发现"新闻所蕴含的新闻价值。而新闻写作则是通过记者对采访后的信息的再选择与组合"表现"新闻所蕴含的新闻价值。

（一）新闻写作与新闻价值

在对新闻价值进行"表现"时要注意，新闻价值的有无和高低，是由事实本身的因素决定的，而不是由记者、编辑认定的，也并不是可以人为添加的。人们可以发现、挖掘事实的新闻价值，但不能改变事实所固有的新闻价值。另外，新闻价值与受众的关注密切相关，报道以后无人关注的事实，就无新闻价值可言，因此，在新闻写作时要在一定程度上考虑为引起受众的关注而"表现"。

在实际操作中，记者会发现，事实新闻价值的存在状态有显在或潜在之分。有些事实所具有的新闻价值，呈显在状态。这时，它就比较容易被发现和认识。有些事实所具有的新闻价值，是以潜在状态存在的，隐藏得比较深，以常人的一般的眼光难以捕捉到它。因此，对于新闻工作者来说，在报道具有显在性新闻价值的事实的时候，应当努力地凸显其新闻价值，而不能舍却体现事实的新闻价值的部分，而去突出事实的不具备新闻价值的部分；在报道具有潜在性新闻价值的事实的过程中，应当花大力气去做发现、捕捉并展示新闻价值的工作，其中"发现""捕捉"主要在采访阶段完成，是记者对事实的新闻价值先有所认识，"展示"主要在写作阶段完成，它要求记者能将事实的新闻价值示于人。

在新闻写作中，记者应着力选择最有新闻价值的新闻事实，同时在有新闻价值的新闻事实中，选择最有新闻价值的部分来进行报道。

然而在实际操作时，有的记者，对隐含着很高新闻价值的事实缺乏敏感和应有的体悟。当年穆青在采写著名通讯《抢"财神"》之前，并非没有人接触过通讯中所记述的事实。但是，许多记者由于目力和认识水平所限，却并没有意识到事实所包含的极高的新闻价值。虽然他们与此事实离得很近，但最终只能是与好新闻失之交臂。

另外一个容易出现的问题是记者在对确有新闻价值的事实做了让人感到缺乏新闻价值的报道，或者在写作中罗列了许多一般的新闻事实，而把最有新闻价值的事实埋没了。

（二）新闻写作与时效性

新闻写作要处理的一个重要关系是事实与时间的关系，即事实的时新性。不"新"之"闻"，是没有资格被叫作新闻的。事实的新闻价值再高，也总是有时限的。超过一定时限，事实的新闻价值就会消失殆尽。在当代社会，人们获取信息的渠道很多，事实的新闻价值的保留时限要比在非信息社会的保留时限短得多。新闻作品的价值，与所报道事实的新闻价值正相关，而和新闻作品与所报道的事实两者的时间差负相关。

为了实现新闻的时效性，新闻写作首先要快。因为事实之所以成为新闻，很大程度上是因为事实的新近发生和及时传播。作为记者，应该在新闻写作上讲究"文贵神速"，以快制胜。随着网络媒体的影响力日渐扩大，截稿时间的概念会有颠覆性的变化，即不再有截稿时间而实现实时传播，新闻写作对快的要求会更高。

### （三）新闻写作与新鲜性

受众接触媒体是为了从媒体上获取新闻信息，因此记者必须把最新鲜的内容用最明显的形式亮出来。受众浏览时时间较短又比较仓促，必须让他一看就能找到自己需要的东西。在新闻界，对这个要求有一个通俗的说法："不要把肉埋在饭里。"

新闻写作要突显内容上的新鲜性，首先要学会取舍。在内容选择上用"拎"起来的办法，而不是"兜"起来。如果每一件采访得来的内容都不舍得放弃，写作的时候全都用上，即使这些材料梳理得条分缕析，从本质上来讲也只是"分类排队"而已。这样的写法内容必然繁杂，而新鲜的内容则会被冲淡。其次，在写作时记者要注意报道的形式感，应该把最有新意的事实放在最醒目的位置或段落。在新闻写作中，事实本身以及对事实的真实报道，是新闻安身立命的根基；事实的新闻价值的含量，对事实所做报道的新鲜度，这两元结构决定了新闻作品的档次和质量。而新鲜度则对事实的新闻价值的被发掘、发挥的程度构成了直接的影响。

### （四）新闻写作与重要性

新闻价值中另一个重要的元素就是新闻事实的重要性，即新闻的影响面与影响力。在采访时，记者就应收集表现新闻影响的事实，在写作时，要将其重要性彰显出来。

## 二、真实律——新闻真实性对写作实践的要求

新闻写作的另一条基本规律是必须真实，以事实为根据，尊重事实，忠于事实，反映出事实的原貌，写什么、怎么写必须从事实出发，受事实制约。这是新闻真实性原则对新闻写作的内在要求。

新闻写作要真实的这一条基本规律可以归结到一点，就是新闻写作必须确保它的结果，也就是同受众见面的新闻，同新闻事实要保持一致。这个基本规律决定了记者在写作过程当中必须坚持客观、公正和实事求是的态度。然而，在实际操作中，要做到这一点并不容易，记者常常出现的问题有以下三个方面：

（一）对事实的不当叙述

叙述是新闻写作最基本的表达方式。在对事实进行报道的时候，叙述应当有真意、去粉饰，应当是恰如其分的，这样的叙述方能让人感到真实可信。

（二）对事实的不当过滤

记者和编辑在形成新闻作品的过程中，对采访到来的事实，理当加以整理、提炼，而不能将采访到的内容无论好坏都塞到新闻作品中去。整理、提炼的目的，是更好地揭示事实的本质，更准确地体现其本身所蕴含的意义。然而，有时有些新闻作品所做的提炼实际上是一种过滤，导致了新闻失实。

（三）事实的不当概括

在新闻写作时，离不开在叙述之中对事实进行概括，如果对事实所做的叙述是合乎实际的，依据事实所做的概括也是准确到位的，那么报道可以说是真实的。然而，也有一些新闻作品，对事实所做的叙述是合乎实际的，但根据事实所做的概括却未必准确精当，这就会影响新闻的真实性。

### 三、效果律——基于传播目标的写作

新闻写作是一种意在传播的写作，要全面把握新闻的传播需要，以事实为本的同时，力求新意、争取时效，并考虑公开传播的效果，讲究事实的反映艺术，善于表现事实的社会价值，把新闻写得更有吸引力和说服力。

新闻传播可以分为三种类型。第一类，属于有效传播。传播渠道畅通，受众对新闻信息乐于接受，即所谓"通而乐受"。传"通"是因为既不存在传者和媒介方面所设置的障碍，又不存在受者所设置的障碍；"乐受"是因为新闻信息从内容到形式都受到受众欢迎。第二、三类，均属于无效传播。第二类，传播渠道畅通，但受众对新闻信息并不认同和接受，即所谓"通而不受"。应当说，在传播的通道上并不存在什么障碍。受众对新闻信息不认同、不接受，原因较为复杂，但概括起来不外乎两个方面：一是受众的是非判断和价值判断与传者存在着很大差异；二是新闻信息的表现形式与受众乐于接受的方式之间存在着不小的差距。第三类，传播渠道不畅通，当然接受的问题就无从谈起，此所谓传而不通。

不少人常常将第二种类型误认为有效传播。于是，在我们的媒体中经常能看到高高在上的报道、假模假式的报道、满篇术语的报道等报道形式。

记者和编辑所提供的新闻作品，是新闻传播的基础。而新闻写作，是新闻素材到新闻作品的最后环节，它受到媒介的制约，又受到受众的制约。

不同的媒体有着各自的个性特点，这就决定了不同媒体对新闻作品有着不同的要求。当然，从大方面来说，报纸、广播、电视有着诸多的共性，存在着诸多共同规律；但同时，每一种媒介又有着自己的特殊规律。小而言之，即使属同一种媒体，不同的报纸、不同的电台、不同的电视台，由于面对的对象不同，办报、办台的宗旨有别，所负具体使命各异，因而，这一种报纸和那一种报纸，此台（频道）与彼台（频道）的个性特点也是各不一样的。对于记者来说，报道同样的事实，为不同的媒体撰稿、为同类媒体中的不同新闻机构撰稿，应该体现出差异性。如果以同一模式为不同的新闻媒体撰稿，终会因抹杀媒体个性而影响传播的效果。如报纸的报道不能直接拿到广播、电视中播出，要经过改写才能适合广播电视的媒体特点。

记者在新闻写作时所受的另一种制约来自受众方面。受众对记者的制约方式主要表现为接受与否，乐意接受与否。我们说，受众的接受是新闻作品价值实现的最重要环节，也是新闻传播过程的最后完成。其实，新闻作品的价值，并不是在记者手里实现的，虽然记者在发现和表现新闻价值方面做出了很多努力，也不是媒介加以传播以后就一定能实现的。只有在受众接受了新闻所传递的信息，并且认同了新闻作品所蕴含的价值观和导向以后，新闻作品的价值才最终得到了实现。相反，新闻作品在传播以后无人问津，或者它所包含的价值观和导向受到受众的抵制，那么它的价值最终并没有实现。

目前，媒体和新闻工作者对受众接受问题的重视程度比过去已经有了很大提高，但很多时候，不少记者在采、写的阶段，为受众设身处地地去考虑其需要还并不充分。为此，在新闻采写环节，记者有必要提倡换位思考，将自己设想成受众，去体味他们的心理，体悟他们的需要。通过这种方法，去捕捉受众的兴奋点，以获取新闻传播的最佳效果。

具体到新闻写作中，记者应该增加信息的价值含量，删除冗余信息和重复信息；在有限的篇幅内加大信息量，满足受众的多元信息需求；切实保证新闻的时效性，增强其新鲜感，及时满足受众对重大事件的知情欲望；采用受众乐于接受的方式传播新闻，努力贴近受众的生活。

当然，在写作中也要注意到，受众的需要是多方面的，有的是非常合理的，但有的却未必合理；有档次很高的需要，也难免会有档次不高的需要；有切合实际的成分，也

会有不切实际的成分。作为记者，在写作中要承担起对其消极性方面需要的引导责任。如不追逐低俗、煽情的信息，以高质量的报道吸引人。

# 第三节　新闻写作的基本方法解读

## 一、新闻主题的提炼

采访是为了写作，采访任务完成，就要考虑写作问题，首先要考虑的是主题的确定、形式的选用、角度的选择、容量的大小、篇幅的长短、发表的缓急等。记者应在占有大量材料的基础上，进行去粗取精、由表及里的综合分析，提炼新闻事实中具有普遍意义的思想观点，在此基础上挖掘事物的本质，进而确定新闻的主题。

### （一）新闻主题

新闻主题即新闻的中心思想，是记者通过新闻事实所要表达的态度、观念、情感和思想。

新闻主题是事实的客观性和记者的倾向性的统一。新闻作品中既要反映新闻事实，又要表明记者的态度和观点。新闻主题是指新闻报道的中心思想和基本观点，也就是记者对客观事实的看法、态度，以及通过事实的报道所表达的主观意图。选择和提炼新闻主题至关重要，新闻主题是新闻的灵魂，在新闻作品中起主导作用，像一根红线一样贯穿全文、支配写作，是新闻构思、选材、表达和运用语言的依据。能否成为好新闻的标志之一是作品有无思想性，内容是否深刻，这就涉及新闻主题。

### （二）新闻主题确立的原则

新闻主题的确立，须把握以下原则：①把握导向性原则，确立新闻主题要讲政治、讲大局，主题要符合党和政府的报道精神和宣传口径，把握事物的意义所在，才能提炼出鲜明的具有一定社会意义的主题，才能正确引导舆论。②坚持真实性原则，不能违背事实去"强扭""拔高"，主题是否真实，主要看它是否与事实的逻辑即其内在规律相一致，也就是记者对事实的分析和判断是否合乎事实真相及其含义。③注意政策性原则，主题要正确，就要依据党的政策确立主题，不能有违党和政府的现行政策。④弘扬时代性原则，主题要鲜明，有时代特色，必须有全局观念，审时度势，宏观把握新闻事实发生的时代背景、新闻事实所具有的普遍意义，提炼出反映时代精神、符合社会发展需要的主题。⑤顾及迫切性的原则，新闻讲究时效性，确立新闻主题也要迅速、及时，这样才能和党的中心工作合拍，才能有效引导舆论。⑥考虑普遍性的原则，确立的新闻主题要有普遍意义，能够给更多的人和机构提供借鉴和学习的样本，具有指导意义。

### （三）新闻主题提炼的方法

新闻主题从何而来？新闻主题寓于事实本身，什么样的事实决定什么样的主题，主题来自事实，事实决定主题。因此，新闻主题的确定，有个提炼过程，根据新闻主题的选择原则，认识事实并对其含义进行概括、升华。

#### 1. 开掘法

就是要从认识事实入手深入挖掘。就像打井、钻探一样，深入开掘，开掘新闻事实背后隐藏的深层次问题，挖掘出事实深处的意蕴。不被表面现象蒙蔽，通过由此及彼、由表及里地层层分析，挖掘事实本身固有的思想意义。这是最为常用的主题提炼方法。

#### 2. 探求法

就是探索研究，透过现象看本质。对新闻事实要有一种追根究底的精神，不停地追问，反复地分析，努力地思考，发现有价值、有意义的主题。

#### 3. 对比法

这种提炼主题的方法给了我们一种研究材料的思路。俗话说：不怕不识货，就怕货比货。比较的方法，特别是对比的方法（正反对比的方法），对我们研究和了解事物的本质具有更加重要的意义。这种提炼主题的方法甚至被人们发展成为一种新的报道形式，那就是对比报道的形式。例如，为了说明质量的重要性，记者选择一个重视质量的工厂和一个不重视质量的工厂一起报道。对比也被发展成一种版面语言。

通过对比提炼主题，可以纵向对比，对事实的历史与现状做比较，从中发现它的特点、新意、价值。可以横向对比，对事实的外部联系在全局上做比较，此地与彼地比较，从中发现特殊性、差异性、先进性。这种方法要收集具有可比性的材料，然后对材料进行深入的鉴别和思考。

#### 4. 浓缩法

要善于在日常生活中，以小见大，管中窥豹，一叶知秋，通过一滴水看到太阳的光辉。因为我们平时不可能接触的都是大事件，面对的不可能都是轰动性新闻人物和事件，我们接触更多的是凡人琐事，家长里短，这就要求我们要独具慧眼，善于观察，见微知著，从细微普通的新闻事实中挖掘、提炼出以小见大、以平凡见深刻的主题来。

## 二、新闻素材的取舍

### （一）新闻素材

新闻素材也称为新闻材料，是记者通过采访得到的各种未加工的原始情况、材料、资料，也即写作主体观察、体验、研究、分析大量的人和事积累下来的丰富生活材料。其中有直接得到的第一手材料，间接得到的第二手材料、第三手材料和第四手材料。新闻素材是采访得来的、拟做报道用的、表现主题的"血肉"。

### （二）新闻素材的构成

怎样表现主题，是一个多方面的问题，有观点提炼的问题，有素材的选择和使用的问题，有文章的结构问题，甚至还有语言、风格等问题。以下从表现主题的角度，可以将素材分为这么三类：

### 1. 主干材料

属于典型事例。这是最重要的材料，是骨干材料，也就是那些对报道中的主题起着骨干性的支撑作用的材料。新闻作品的主题必须有足够分量的事实来支撑，没有这样的事实，主题无从谈起。

因此，记者在动手写作之前，最重要的事情是把这类材料找出来，并看它们够不够。如果不够就要继续寻找；如果寻找以后仍然没有，那么就要相应改变报道的主题。

### 2. 细节材料

属于细节事例。细节材料生动、有力地表现人物性格、事件发展、社会环境、自然景物。这种材料往往不很多，有时往往是一句话、一个动作或一个事物的细部，但非常管用。只有骨干材料，虽然也可以把主题表现出来，但往往不够丰满，不够感人。而细节材料却像是一种催化剂，或者像做菜时的味精，只加入少许，立即就会味道大变。

正像我们看电影一样，我们不会满足于只看远景和中景镜头，那些特写镜头，往往是观众更愿意看的，而报道中的细节材料就是特写镜头。有经验的记者都知道，在一次采访中，获得细节材料是很不容易的，数量也是很少的。所以记者在写作的时候，一定要认真地检查，不要让好的细节材料白白丢掉了。

### 3. 背景材料

属于补充事例。有一些材料，既不是骨干材料，也不是细节材料，但它们仍然是有用的材料。这就如农民盖房子垒墙的时候，总还有一些填充材料，如碎砖头等。骨干材料重要，但它们往往只是一个典型事例；细节材料重要，但它们也往往只是一个典型细节。有了背景材料，事件才能完整，人物才能丰满。背景材料可以使作品有纵深感、厚实感。

如果只是几个或一些"点"的材料，就会给人一种单薄的感觉，有了背景材料的补充，就会增加"厚度"，增加可信度，起到补充作用。

### （三）新闻素材的选择

#### 1. 新闻材料的鉴别

对素材要反复核实其可靠性、准确性，不可轻信，尤其是第三手、第四手材料。

第一手材料，是记者采访中直接观察得到的材料，包括体验式采访时的感受，是最为可信的，是新闻写作的首选材料；第二手材料，是记者从当事人、目击者或知情人那里得到的有关新闻事实，包括各种书面材料和口头提供的材料，在写作时常用；第三手、第四手材料，是经过多个中转环节间接得到的材料，不是从当事人、目击者那里得来，应该仔细验证，可作为报道时参考，有辅助作用，也要多注意收集。

在对材料进行鉴别时，要确定其性质，是人证材料，还是口头材料、文字材料；是正式文件，还是未定稿；是正式谈话，还是随意聊天得来。在确定其性质后，再对所有材料进行分析比较。

#### 2. 新闻素材选择的方法

选最重要的材料：材料要服务主题。不是紧扣主题的材料用得再多，也无济于事。

选最典型的材料：材料要以少胜多。采访收集材料时，学韩信将兵，多多益善，以十当一；写作选材时，学孙子用兵，以少胜多，以一当十。

选最感人的材料：材料要鲜活生动。生动的事例可增强新闻的感染力，如那些引人入胜的小故事、富有冲击力的视觉画面、有个性的人物话语。

选最新颖的材料：材料要人所未用。选择有新意的材料，选择特色材料。

选最可信的材料：材料要去伪存真。要检查材料的来源，考核材料形成的时间，判断材料的真伪。

### 三、新闻语言的运用

（一）新闻语言

新闻语言是指适合新闻报道要求、体现新闻特性的语言。它不同于文学语言、政论语言、公文语言。

（二）新闻语言的特征与运用

#### 1. 准确

新闻语言必须准确无误、贴切恰当。具体而言：用词要准；叙事要恰如其分；多用精确语言，少用模糊语言；多用动词，少用形容词。

#### 2. 生动

新闻语言应该生动鲜活、富有感染力。新闻作品虽不同于文艺作品，但也要努力追求语言的生动。一是用朴实的引语，即作品中人物说的朴实无华的话，朴实自生动，生动自感人；二是用白描手法，即三言两语，勾画人物、事物形象的主要特征；三是用"镜头化"的语言，使新闻语言形象化；四是精心使用动词，写活人物、事件。

#### 3. 通俗

新闻语言应该通俗晓畅、明白易懂。一般报道用大实话、俗语、口语，多用大众化、群众化语言，少用晦涩难懂、故作高深的语言，让绝大多数受众能够看或听明白。在科技报道、环保报道中使用专业术语、科技名词时要进行适当的解释、说明，且在报道中要巧用数字。

#### 4. 具体

无论叙述还是描写，都要具体，不空洞，不笼统，不抽象，让人看得见。摸得着，真实、可感、可信。具体，才有可信度，才有可读性，才能感人。

#### 5. 简洁

新闻的一大特点是短，这就要求新闻语言应该简洁精练、干净利落。新闻作品特别是消息中的语言要简练，忌拖泥带水，冗长、啰唆。多用白描手法，用简练的笔法勾勒事物最主要的特征。

新闻写作使用语言时，叙述信息尽量量化，语言要有分寸感，新词使用要讲规范。尽可能做到：多动词，少形容词；多细节，少议论；多比喻，少笼统；多解释，少晦涩；多白话，少文言；多事实，少空话。

## 第四节 新媒体时代新闻写作变化及应对

### 一、新媒体时代给新闻写作工作带来的变革

（一）新闻写作的速度迅速加快

在传统媒体时代背景下，新闻行业从业人员在进行新闻发表的过程中，必须经历采访、写作、编辑、审核、印发等多个流程。新闻写作人员需要从选题、收集素材、采访当事人、确定新闻写作方向、完成新闻写作、后期审核校对等方面开展工作，这些工作往往需要耗费大量的时间。但是在新媒体时代背景下，新闻写作的流程被颠覆，在诸如新浪微博、微信公众号等平台上，信息的传播速率得到了大幅度提高。信息的即时传播在当前时代背景下成为可能。在新闻事件出现的第一时间，记者等新闻行业工作人员便可以在第一时间对新闻进行播报，同时依靠网络现场直播、新浪微博、微信公众号等进行即时发布，免去了新闻校对、审核等流程的时间，这使得新闻的时效性得到了大幅度的上升。并且，也正是因为新媒体时代背景下，新闻时差大幅度降低的特征，针对新闻消息的即时更新便成为民众对新媒体时代新闻写作工作最直接的要求，这一要求在针对突发性事件报道中非常重要。另外，一般民众还能够凭借手机、平板电脑等移动通信终端对正在发生的新闻事件进行持续关注。

通过文字、图片、视频等方式来了解该新闻事件的最新发展动向。新媒体时代的到来，要求新闻写作人员必须在更短的时间内对其进行报道。所以对写作速度提出了更高的要求。

（二）新媒体时代拓宽了新闻写作的范围

在互联网技术、计算机技术等先进科技的加持下，新媒体时代拥有了更为强大的信息储存能力、信息获取能力以及信息传播能力。在新闻传播的过程中，不仅是图片与文字，其他诸如声频、视频等内容也可以在新媒体平台上进行传播，为帮助观众深入了解新闻事件提供了可能。同时以云传输、云储存等技术新型网络技术的应用，让互联网上所产生的各类信息都能够存储于计算机后台之中，这在很大程度上拓宽了新闻写作的素材内容和写作空间。

在传统媒体时代背景下，新闻写作者可以使用的新闻素材是非常有限的，必须基于有限的素材与资料库进行新闻的写作创作工作。但是到了新媒体时代，新闻写作人员便能够轻松通过信息检索系统，快速有效地获取相关的新闻写作素材信息，甚至能够通过对大数据技术的应用，针对这些信息进行实时分析，这使得同一新闻素材具有了更加广阔的写作空间。时至今日，中央媒体与各级地方新闻媒体都开始致力于研究媒体云平台搭建工作。例如，《人民日报》研究智媒技术云平台，对媒体内容融合生产等方面的工作进行关注，依靠使用大数据技术等先进科技让新闻写作更加具有前瞻性和客观性；《光明日报》研发的舆情分析系统，其功能是整合主要搜索引擎中的新闻信息，来帮助新闻写作人员开展新闻写作，依靠新媒体技术来完成对新闻报道内容的有效拓展。

（三）新媒体时代让新闻写作主体得到增加

在新媒体时代背景下，多种新闻传播渠道让自媒体成为一种风险。自媒体行业从业者可能依托新媒体技术的互动性、便捷性、时效性特征，让新闻报道内容变得更加明显，同时，新媒体时代的到来，降低了新闻写作者的个人文化、身份、职业上的门槛，很多普通人也能够成为新闻写作的参与人。

第一，一般网民可以凭借新浪微博、微信公众号等新媒体平台发布第一手新闻消息，引起一定范围内的舆论关注，这对于新闻写作的后续方向将会带来深刻的影响。

第二，基于当前国内新媒体平台的整体环境，我国有大量非专业新闻从业人员建立了个人微信公众平台、新浪微博平台。凭借评论、转载等方式让更多观众融入了新闻创作中，还有一些专业新闻行业从业人员也会通过个人的新媒体平台来发表自己的意见建议，由此成为意见领袖。

总的来说，新媒体的发展以及相关科技的高度成熟普及，让更多国人能够对社会上的时事热点新闻进行关注和发声，从事新闻写作的主体也变得更加丰富，由此带来了深刻的影响。但需要注意的是，新媒体时代背景下，社会当中各类群体的话语权发生了变化，社会当中有更多舆论热点新闻容易被引爆，扩散范围也会变得更加广泛，民众对社会热点新闻的关注度和参与度也将得到显著的提升。

（四）新媒体时代让新闻写作具有更强互动性

对于传统媒体来讲，所常见的新闻传播模式为"一对一"或"一对多"的平面媒体传播形式，传播渠道相对较为单一，并且几乎都是单向传播模式，观众只能被动接受，缺少双向交流的路径。而在新媒体时代背景下，媒体与观众之间的互动方式发生了巨大的变化，传播模式转变成为"多对多"的形式，媒体与观众之间的信息交流渠道被打开，让新闻写作者拥有了和观众进行双向互动的路径。

## 二、新闻写作工作的有效发展对策

### （一）拓展新闻写作概念

新闻行业必须对新媒体时代进行适应，对于新闻写作人员来讲，必须正确认识新媒体背景下对新闻写作工作的要求，并将这一问题作为自身今后工作中的重点。在新媒体环境下，信息内容的呈现方式变得更加多元化，新闻写作的思想内核也需要进行相应的改变，传统理念上的新闻写作已经成为一个相对狭义的理论，它只重视新闻的写作和制作流程，但是在新媒体背景下，新闻写作的概念得到了泛化，它代指满足不同种类新媒体平台要求的新闻作品制作流程，涉及新闻文字报道、新闻图片报道、新闻视频报道、VR 新闻报道等。新闻写作的概念得到了大范围拓展，这彰显了新闻行业在新媒体时代的巨大变化，对于新闻写作者来讲，必须在今后的工作中适应这种变化，拓展新闻写作概念。

### （二）培养专业新闻人才

目前，新媒体平台的兴趣让新闻写作的壁垒被打破，这让新闻渠道变得丰富的同时，新闻报道的整体质量也变得良莠不齐，这会对新闻传播的整体效果造成影响，因此，为了吸引更多观众关注新闻，专业新闻写作人员需要强化自身的写作能力培养，依托自身的平台优势、技能优势、权威性优势等，写出更多高质量的新闻报道。

### （三）关注用户要求

在新媒体时代下，针对用户需求进行关注是新闻写作人员必须重视的问题。因为新媒体平台的丰富，让读者具有更多可以选择的新闻平台，因此，新闻写作者为了能够使读者观看新闻，就必须对读者的结构层次以及对新闻报道的要求进行关注，由此写出更多符合读者需求的新闻报道，同时也让新闻更加容易被传播，并且新闻写作者需要通过评论来与读者进行交流，让新闻写作者和读者之间形成亲密的互动关系。

（四）认识新媒体平台新闻服务资质问题

党指挥媒体是中国新闻写作的传统，虽然新媒体平台引起了新闻内容巨大增长，参与主体迅速增加，但中国新媒体平台开展新闻信息采编发布，是需要获取互联网信息服务许可证。国家互联网信息办公室在 2017 年 6 月 1 日重申了依靠互联网网站、微信公众号、微博、即时通信、网络直播等方式向民众提供了互联网信息时，必须获得互联网信息服务许可证，因此，新闻写作者必须重视这一要求，通过完善对新闻写作者的监管，让新闻质量得到有效保障。

# 第四章　新媒体时代新闻传播的创新发展

## 第一节　新闻传播的本质与社会功能

### 一、新闻传播的概念

传播是信息的存在方式——信息在时间和空间中的移动与变化。

传播学中的"传播"一词来源于英语的"communication"，既有传达、传染的意思，又有双向或多向的交流、交往、通信、交通的含义；既可以是点对面的，又可以是点对点的。而汉语中通常所说的传播，则只是从点到面、由传者向众多受者的单向扩散。

语言是约定俗成的，现在"communication"已翻译成"传播"并广为接受，只有在需要更精确时，才使用"传播交流"。

广义上的新闻传播包括口头、书信等所有传播媒介上的传播，而狭义上的新闻传播，即通常所说的新闻传播，则仅指大众媒介上的传播。

这里的"大众"指的是广大公众，不是与精英人群、专业人士等概念相对应的普通大众。"大众"的"大"也是个相对的概念，现在随着大众媒介的增多，其传播对象出现了分群化或者说"小众化"的趋势。但相对于人际传播、群体传播、组织传播的对象而言，这种"小众"仍属于大众。

### 二、新闻传播的本质

#### （一）新闻的事象

新闻的事象是构成新闻事实的复合、运动和可感性因素，即每一个最小时间单位都会出现事实，包括记者所能感觉到和描写的事实，可以被记者看到和描写。

首先，事象是构成事实的自然因素，事实一旦出现和存在，就表现为多个事象的复合系统。任何一件事情都可能不是一个截然无缘的单因象，而是多因象相互组合的一种。事实因象是由各种自然因果相互关系所直接产生的各种迹象，构成了一个事物内在运动处于时空的一种连续性，能够被新闻记者们所感觉和具体描写。事实独立于记者头脑之外，发现了它只是发现了它的存在，而它的存在则是一种时空转换的撮合。

其次，事象作为事件的现象环，使事实呈现多脉络的现象序列。

最后，事象和事实的本质可能是分离的。事象是事实的外在部分，可被记者感受到。有的事象可能从某一特定联系方面表现本质，有的则不能代表本质。对于记者而言，则是更准确地去感受事实的本质，即不被事象所惑，而能够透过现象看本质。通过对事物与现象的多维观察来接近事实本质。

认识与把握事实具有重要意义：第一，任何新闻都应通过大量的事象来再现现实，将事情分解成现实。可使新闻立足于完整的或主要的事实，但又不至于片面地抓住一点而放弃事实的全局感。第二，对事实中的一些事物进行鉴别，可以分辨哪些事物价值较大或更多地认识到新闻中的关键环节，并能够对主要事物进行挖掘性的报道，从而找到新闻中的真正意义。第三，对于若干事象，记者在建设新闻时，首要是对新闻框架背景整体把握，然后围绕主要事象进行事实组构。第四，则是对这些事象协调地排列、组成有价值的事象，使事实的各部分和谐地呈现出来。

（二）新闻的事态

新闻事态指的是新闻中的事实和现象之间的关系，表现出各种事实之间的联系，包括了各种事实之间的状态和动向，形成了以人为核心的事实链。

新闻事件是由物态和事态共同组成的。

第一，事物包含了一种物态。在事情关系中，经常出现一些附加组分，即某种物体是人和一个组织使用的，这些物体是事实上的物态，包括日用品、生产工具、武器、食物、建筑或某些自然物，可以说，这些物体正是新闻事件的承载者，一定的新闻事态一定依附于物态之上的，借物态来表达与传递出来。

第二，事态和物态时时发生"用"和"被用"的关系，构成活生生的事实的现象链。事态与物态是不可分离的，任何新闻都是有机地结合在一起的。在事物关系中，经常会出现对某些事物的切入，即某种物体是人和社会组织使用的，它们构成了事实上的物态。物态是指日常用品、生产工具、武器、食物或某些自然产品的附加组成。没有这些东西，就不能构成某一事实。就人们而言，新闻里的人多是穿着衣服做事，只有与某些东西交流的人，才能形成一个完整的局面。这种纽带和它们的变化，形成了新闻外部结构。

第三，事物与物态之间的关系并非单纯耦合，而是必然和偶然的统一。新闻中的大量事态反映出了事实发展的必然性。记者正是由此认识事实的趋向和本质，判断事实的意义。记者常常只见人不见物，或只见物不见人，使物态与事态处于离散状态。新闻中的每一现象都是事实本质的某个侧面，记者采访得到的事实大都是片面的、表面的、局部的，更是多变的和易逝的。从事态与物态的总体来说，事象比本质丰富、生动；本质比事象深刻、稳定。好新闻摄录的事实应当反映这两个方面，再现事实的全面联系。

第四，仅有事态构不成新闻实体，它和物态有机结合，形成新闻的外在形体。记者要再现事实的本质，必须把握事态间这种内在的特殊形式，判断事实的知悉意义。任何新闻都必须通过某些事物来表现，而任何一种事物都是在某种特定的联系上表现本质，新闻结构具有这种联系才能发生影响。所以，新闻事实揭示的内在联系，让受阅者认识事件的必然性与作用，表现为事象与本质的统一。记者面对事象和本质之间的关系，不能只看一面，不顾另一面。如果只看二者的统一而不注意是否存在对立，就会否认深入采访的必要性；如果只看到它们对立而不重视其统一的一面，就会否认透过事象认识事实本质的可能性，采访就会陷入盲目。

（三）事实与新闻的要素

第一，新闻实情确定。事实就是客观存在的事物、事件或现象，通俗而言是指事情的实际状况，包括原始事实、经验性事实、史前的事实和现在的事实。对新闻报道来说，包括新闻的事实和普通的事实（不包括非新闻的事实）。

事实的特征。首先，事实不是抽象的符号，而是可视可闻的现象，因此可被人们感知和描述。可感是事实的重要特征，古语云"眼见为实"，也强调了事实的这种可感性。其次，事实的客观存在是事实的根本属性，事实是一种客观存在，而不是先验于人们头脑中的主观体验，具有普遍、绝对和永恒的意义。此外，事实一般是可以认知的，具有可陈述性。不可认知、不可陈述的事象我们一般不称为事实，事实一定是人们对于可认知、可陈述的信息的一种描述，在某种意义上具有确定性。再次，事实是变化的，世界上不存在静止的事实。事实的因果关系和各种事实相互存在的前提，构成了事实之间的内部联系；事实与物态之间的关系，以及其变化过程，构成了事实与外部的联系。最后，事实之间的内部联系显示了事实之间的本质，而事实之外的联系则显示了事实。事实上，社会是细胞。自然界由物质组成，人类社会是实际存在的。事实发生与发展是社会普遍存在的，每一个人都会有事实地再现出社会动态，它们的互生与更新表现出社会发展的状态。

事实对于记者的制约。事实对于记者的制约表现在多方面：首先，事实具有独立性。事实独立于记者头脑之外，记者发现了它只是发现了它的存在，没有新近发生于某地的事件，就没有关于这一事实的新闻。在记者发现它之前，它以客观事实的形态存在，记者发现它并加以报道后成为新闻事实。其次，事实不以记者的主观认识为转移，记者不按事实的客观存在反映它，就无法正确地反映世界。事实是一种客观存在，记者如果想探寻外部世界的真理，就要准确地发掘客观存在，描述这种客观存在，并按照客观存在进行其本质的探究。从这个意义上而言，事实实际上制约了记者的主观想象，客观新闻报道原则则是在这一前提下展开的。最后，事实有外部联系和内在联系，不探求事实的内在联系就无法反映事实的本质。记者要在实践中认真地观察、采访才能发现和认识事实；记者捕捉事实的主要环节，抓取最能反映事实本质的事象，才能把事实的真实情况再现出来。

第二，新闻要素是构成新闻事实的重要因素，即事件存在性的要素，可归纳为事件（谁）的主体性（什么时候、何地）和事件的结局（什么时候）和什么事件的原因。

第三，新闻要素之间的关系。新闻通过新闻事实的要素再现新闻事实的基本框架，构成每个要素的内容都是事件的细小部分，它们把新闻事件完整地展示出来。

新闻的主导要素可以是人，也可以是物，回答"谁"或"什么"的问题。

事件是事件主体之间相互联系和作用的状态，通常表现在时空因素"何时""何地"，表现为主体与环境之间的相互影响和事实矛盾。最后显露出"怎么样"这个结局要素。

"为什么"要素是新闻事实的本质。记者掌握了主体行为的归宿和事物的最后走向，有可能或需要的话，还要揭示事实的因果关系，写出"为什么"的要素展示事实的内在联系，即展示事实的本质。

（四）新闻事实的类型与结构

### 1. 一般事实与新闻事实

一般的事实就是没有了解功能，在自然和人类的社会里，每一件事都处于自然状态、为人所知。一般的事实具有以下特点：一般的事实发生具有必然性，是客观世界规则的直接反映或间接反映，大多具有雷同性；每个一般事实在什么时候、什么地方发生都难以预料，具有不期而遇的偶然性；一般事实大量重复出现，是常见的，不会引起人们的注意，因此一般事实大都被舍弃在新闻之外；一般事实无穷无尽、每时每刻都在发生和消亡，随着时间的推移，新事实和旧事实不断交替，构成世界变化的序列。

但一般事实对于新闻报道而言却具有重要作用：首先，一般事实可能成为奇异、重大事实的先导或延续，注意跟踪和观察它有可能最先发现奇异或重大事实。而有些一般事实对奇异、重大事实具有引导和铺垫作用，记者选择、加工新闻事实时，大部分一般事实都要被舍弃，但也有少许的一般事实成为新闻的材料。其次，记者确定重要和奇异事实时是同一般事实比较而言的，较多并反复出现的事实可以肯定为一般事实，罕见的、偶尔出现的事实是对记者有价值的事实。

新闻事实是由记者挑选出来的、具有知晓意义的事实，其中包括时代、现代和未来的事实，具有客观、真实和片段性。新闻事实的特点如下：首先，新闻事实有"未知性"的特点，新闻事实是指真正的现象，事件是实际存在的，但必须是大多数人不知道的事实，一旦被大多数人所知道，就不会再是新闻事实了。其次，新闻事实必须具备"满足人类的知晓需求"的特点，新闻事实也必须为人们提供知道的需要，"从未发生过"是判断该需求的重要标准，因此新闻事实与一般的事实相比，是罕见的、少得多，需要记者到处寻找或识别。这一点对于信息过剩时代的新闻事实选择尤其重要，新闻是那些能满足受众知悉愿望且有意义的事实的集合，而不是无意义、琐碎信息的汇集。最后，新闻事实和一般事实往往混杂在一起，是由一般事实变动而来的，它本身也包含一些没有知晓价值的细节或多余情况。一般事实遭遇特定情境或者遇到特殊变化时，也可能成长为新闻事实而进入记者的视野中来，新闻报道就是不断甄别一般事实，不断地从一般事实中找到有可能成为新闻事实的元素。从一般事实中发现新闻事实，就要求记者要贴近生活、深入社会，到实践中了解各行各业的活动，越是有冲突的地方、变化较多的地方、人们议论纷纷的地方，就越容易出现新闻事实。记者还要不放弃外界提供的任何新闻线索，要在与一般事实的比较中确定新闻事实。此外，最为重要的一点，即是要用受众的眼光衡量事实是否能够满足他们需要，受众感兴趣、受众特别关注的事实，就有可能是新闻事实。

## 2. 短促事实与连续性事实

短促时间事实通常指的也就是在极短暂的时间内，事件不再正常发生的一种现实。建构这类新闻也有很多方式，但把事实要素一次性写出来，线索单一，就能构成反映世界的一个孤立的图式。

连续事实指的是继续向成熟发展的事件，在这个过程中，每一条新闻都只是在截取一段新事件。

### 3. 硬事实与软事实

硬事实是指新闻中时间界限明确、不可任意变化的事实，也称为固态事实。包括人物、地点、时间、数据、服饰风格、色彩等在内的新闻框架建设，是构筑新闻体系的基础材料。硬事实的特点如下：①作为新闻中的刚性事态，硬事实是新闻的刚性事态，时空观念和事实因素缺乏弹性，必须准确无误；②新闻记者不会有任何改变事物的余地，否则就会报道失实；③硬事实不存在混沌的形式，记者识别与再现很容易达到一致，大体上都是用相同的语句表现出来；④反映硬事实容易做到准确，甚至达到相当的精确度；⑤一则新闻可以没有软事实，但不可缺少硬事实。

软事实是新闻中很难确定具体的时空界限，表达情绪或意态的现实。情态实际上是事实的声息，通常表现在现场的气氛中和人们对情感的反应；意态事实是新闻议论的一部分，它阐释了事实的特性、意义和功能，揭示了记者对事实的评估。软事实仍是客观事实，不允许记者以主观的杜撰为依据。

软事实的特点如下：

第一，软事实通常比较模糊，更含蓄，可以多写或少写，也可以不写。记者对软事实的陈述具有可变性。

第二，对事实的情态和意态有不同的表达方式，记者只要忠于已经发生的事实，可用不同语言再现这种事实。因为有了软事实，记者在重构这个世界时会表现出不同的角度与描述风格。软事实也是决定新闻报道风格多样性的重要因素。

第三，软事实的广延性可以浓缩，也可以伸展，还可进行一定程度的渲染。在新闻娱乐化时代，软事实被媒体强调，"细节、画面感、质感，甚至能嗅得见味道的文字"成为这一时代"软事实"的鲜活注脚。

### 三、新闻传播的要求

#### （一）新闻传播的真实要求

#### 1. 新闻传播必须真实

新闻传播的真实性，指新闻报道与所反映的客观现实的相符程度。新闻报道是客观事实在传播者头脑中的反映，通过某种符号向受传者发布的物化产物。这种认识的外化物（认识主体的产物），必须同报道对象（认识客体）完全一致，否则就是对被反映的客观事物的歪曲，就是假报道或失实报道。

新闻传播必须真实，说到底是传播效果的要求。传播必须致效，这是一切传播活动的终极目的。无论是传方还是受方，他们参与新闻传播，无非是知的一方欲把新闻事实变动的信息告诉未知而欲知的一方，而唯有真实的报道才能"传通"，使有效的信息被对方接受，以便有利于或有助于后者求取生存发展的根本需要。如果双方传受的报道是假的或部分失实的，那就无助甚至有害于后者的需要，并由于传方公信力的丧失而最终导致传播管道的丧失。

新闻传播的实践经验告诉我们，为使传播致效，必须做到并确保：传播的事实有根有据，传播过程实事求是，传播结果与事实原貌完全一致。这三个环节绝不允许出任何差错，不然就不会有完全真实的新闻传播。

具体说，新闻传播必须真实，是出于这样三个方面的原因：

第一，传受双方都要求新闻传播的全过程实事求是，不增添任何附加的成分。无论是传播的根据——事实，还是报道的过程，都必须一就是一，二就是二，不仅不是无中生有，而且没有一丝一毫的夸大或缩小。

第二，新闻传播基本规律要求，只有通过提供事实的新闻报道，才能实现新闻传播的使命。违背这一客观规律，会受到惩罚，丧失新闻传播的意义。

第三，如实报道新闻，是实事求是认识路线在新闻传播中的运用，也是这一科学方法论对传播工作者的要求。立志在新闻传播行业贡献一生的人员，必须自觉地用科学认识论严格要求自己，老老实实，据实报道。

### 2. 新闻传播真实性的科学含义

新闻传播真实性是指新闻报道与所反映事实的相符程度，它的具体的含义又包含哪些内容呢？真实性的科学含义，有一个历史发展的过程，在不同的国家与地区，在不同的操作层面上又有不同的要求。

（1）要求做到事实真实

即每一个具体的新闻报道中的事实，都做到完全准确无误，持之有据，这其中又包括：

第一，新闻报道中相关的新闻事件的主要新闻要素，即新闻写作中所说的"五个W"，诸如时间、地点、人物、事件、缘故，都要引之有据，确凿可靠。

第二，不仅新闻事实的要素完全真实，而且对这些要素的细节描绘，也要有根有据，不允许有丝毫"合理想象"或"笔下生花"。比如，写到人物，关于这个人物的姓名、性别、年龄、外貌、职业、语言、动作、内心世界的活动等，都必须持有相关素材，令人信服。

第三，新闻报道中引用的一切资料，也要求有可靠的来源，如信件、日记、笔录、作品、录音、传真、电子邮件……必要时要有明确的交代。

事实真实是最起码、最基本的要求，这种真实要求遍及新闻传播的全部事实，事实的一切层面，每个层面的所有细节。因此，事实真实，也可称为"细节真实"，这是确保新闻传播完全真实的基础。这一层次都做不到的话，就遑论下面层次的要求了。

（2）要求做到总体真实

即不仅新闻传播的某一个事实、新闻媒介上的某一个报道是真实的，而且要求新闻报道的全部事实与实际生活中的同类事实，要完全一致。这个要求，是针对传播者对于总体事实的全面把握而提出的。比如，一个地区的工业生产在一个阶段中可能是生产状况较好的工厂与较差的工厂分别为八成与二成。这种情况下，一个媒介如果天天发表生产较差或天天发表生产较好的工厂的报道，会给人留下该地区生产很差或很好的印象。显然，这种传播效果同实际情况是不相符合的。如果用前面"事实真实"的要求对照，报道者在报道每一个较差或较好的工厂生产时，都是真实的，材料都是引之有据的。但是如果用"总体真实"的要求来考量，发现报道的每个具体事实（每家较差或较好的工厂）同这一地区的事实总体（好的占八成，差的占二成）的状况不一样了，显示出总体真实上出了偏差。由上述例子可以看到，总体真实涉及对事实宏观认识与新闻报道中报道总量的科学把握的问题。要在总体真实上达到要求，新闻传播者必须做更为深入的调查与分析，对所报道的同类事实有总体的了解与认识，并努力使公开传播的事实同现实生活中的同类事实大致平衡，使受传者通过受传行为，对社会生活中的这类事实有全面的了解，而不致受到误导。

（3）能够通过事实的报道揭示该事实发生发展的原因及其本质

第二次世界大战以后，人们对新闻传播的事实的基本要素需求有所增加，不仅要求提供五个 W，还要求说明 H（How，"为何"），即揭示该事实出现的动因（为什么）。

对于真实性科学含义的理解，大致上有以上三个层次。中外新闻传播者对这三个层次的把握是不同的。一般来说，西方国家的新闻媒介，主要要求做到第一个层面即"事实真实"。由此，他们中的不少人利用对事实的选择，利用报喜不报忧或报忧不报喜，美化自己的国家而丑化发展中国家，他们不顾"总体真实"，但并不违反"事实真实"的要求。这些报道中的每一个具体的事实（喜或忧），的确是有依据的。对此，一些西方新闻学者提出，新闻传播者不仅应该做到事实真实，也应该坚持做到总体真实。

在中国，多数新闻传播工作者认为，应该全面地遵循真实性的三个层次的要求，但也有人对"本质真实"即新闻应揭示本质的要求持有异议，他们的意见是：第一，如果每个新闻报道都要揭示本质，会延误新闻的及时发表；第二，有的事实，人们一时还无法认识其本质，这类事实也为人所关注，应尽量传播。所以他们提出，在力所能及的情况下要通过新闻报道揭示事实的本质，但具体问题要具体分析，不必件件事实都揭示本质，这既不可能，也无必要。这些意见，不无道理。

### 3. 不真实新闻的成因及防治

考察不真实新闻的成因，应循着新闻事实的发现与捕捉、新闻报道的采制、新闻报道公开传播等新闻生产的程序进行。在这个过程中，新闻线索与相关事实的提供者、新闻报道的采制者、新闻公开传播之前的把关者等人的个人品质、相关制度与新闻体制，起着重要的作用。

（1）新闻提供者

通过对近年失实新闻的分析，从新闻线索和所谓的"新闻"提供者考察，大致有三种情况促使人们斗胆造假。这些情况是：好大喜功；爱吹不爱批（评）；喜做表面文章。这种心态，诱使当事人主动向新闻媒介提供本人或本单位的"好人好事""先进业绩"，或者七分成绩吹成十二分，或者苗刚刚栽下，却已报道结出硕果；在"主流是好的""成绩是主要的"等借口下，报喜不报忧，造成总体失真。部分人依靠"造假发家""尝到甜头"，引诱更多人以身试法，仿效弄虚作假者"走捷径"。上述三种情况，当事人都是由于品质不良而故意失实，而且所造假新闻，一般都属性质恶劣、后果严重之列。

（2）新闻采制者

新闻的采访、写作、制作、编辑加工等，既有专职的记者、编辑、节目录制人员，也有通讯员、报道员，还有人数庞大的各地投稿者。出于品质、知识、作风等方面的原因导致报道失实，大致有以下五种现象：

第一，采访不深入，浅尝辄止，蜻蜓点水，或者道听途说，信笔为文；编稿不核实，真稿假编，张冠李戴，移花接木，时过境迁。这些大部分属于作风问题而致假。

第二，思想片面，随心所欲，为了见报，天花乱坠，不顾事实真相。

第三，知识贫乏，不辨真伪，又轻信上当，不负责任。

第四，没受过专业训练，分不清新闻报道与文学创作之区别，常常用文学创作的方法报道新闻，以"合理想象"习以为常。

第五，追名逐利，凭空捏造，无中生有。

（3）新闻把关人

在新闻报道过程中，为了对人民负责和确保新闻报道的完全真实，新闻报道写完或新闻节目制作好之后，常会请熟悉情况者或领导机关复核，为之"把关"。如果这些把关人从私利或小团体利益考虑，常会借新闻报道搞"自我表扬"，那么这种"把关"，不仅成为形式主义的走过场，还会诱导编导者将这种假报道或部分失实的报道编排到重要版面或黄金时段，造成更大的社会影响。

针对上述造成失实新闻的原因，在防治上可以从下列五个方面着手：

第一，从思想上认识新闻失实的危害性和严重性，真正懂得真实是新闻生命的意义，把新闻失实现象提到一定高度加以重视和切实克服。

第二，从制度建设入手，建立健全严密的防治失实报道出笼、严惩造假的规章制度。

第三，做好新闻报道队伍的清理整顿工作。

第四，推动新闻立法，运用法律武器，同通过假新闻谋私的不良现象做斗争，制裁造假者。

第五，整顿党风，淳化民风，领导机关和主要领导人带头提倡真实新闻，反对虚假报道。

## 4. 新闻传播真实性的全面把握

新闻传播的完全真实，要求做到事实真实、总体真实，并努力揭示所报道事实的真相与本质。每一则新闻报道，要做到这几个方面已属不易，而每个传播媒介，在一个相当长的时间内确保全部报道都完全真实则更加不易，因为后者还有一个对社会总体、报道总体全面把握的问题。

（1）对社会生活的总体认识

从新闻报道引导与推动社会文明建设的功能看，新闻报道涉及的事实，大致可以分为真、善、美与假、恶、丑两大类。每个社会，每个特定的历史阶段，这两大类事实各占社会生活中的总量的比例，各报道多少才能正确地予以反映，并实现以正祛邪、以善制恶的功能？再者，真、善、美与假、恶、丑各自有什么表现，新闻媒介在弘扬和提倡真、善、美方面应择取哪些人、事和现象？在报道和反映过程中遇到哪些障碍与困惑？而在贬斥和反对假、恶、丑方面又应择取哪些人、事和现象？在批评引导过程中又遇到哪些问题与启示？新闻的为文者和传媒的执掌者，对此必须有全面的了解、分析与认识。

（2）新闻传播中正反两方面的准确把握

全面认识社会生活，为的是更准确地把握表扬性（正面）报道和批评性（负面）报道的适当比例。在社会主义中国，如何认识各项工作和总体规划实施中的成绩与问题、优点与缺点、经验与教训？过去我们提出主流（成绩）与支流（缺点）、九个指头与一个指头等主张，后来又提出八二开和"表扬一万，批评三千"的口号。现在，提出"正面宣传为主"的方针。这个"为主"，是否指只能有正面报道，一切负面事实是否必须"从正面做文章"；批评性报道，是否应该列入"正面"之列？学者们的看法和传播工作者的主张，也是见仁见智。只有对正面、负面报道有正确的认识，在新闻报道上有适当的准确的反映，掌握正确的"度"，才能真正做到总体真实。

（3）新闻传播流量的科学调控

社会生活中，产业结构各大类的比例，各地区各行业各部门的投入与产出，各民族各性别各职业人士的贡献与取酬，各政府机关各民众团体的成就与不足，基本上呈一定的量与质的特定状态，并同其他的类别、部门、机构、人士维持一定的关系，保持相对的平衡。新闻传播应以相应的量与质的报道，也即通过新闻传播的流量，反映与维持这种平衡。否则，也会伤害新闻的总体真实。这就是新闻传播流量的总体调控。

（4）新闻传播事实的道德考量

新闻传播的真实性，在新闻实践中，还必须以人类的道德规范加以考量，成为真实报道的又一制约因素。凶杀案件，交通意外，把血淋淋的镜头或照片公之于众，发表在报纸上，播映于屏幕中，那是真实的，但以道德标准考量，是不允许的。一些关系到地震、灾害的新闻事实，发表之后可能会造成人心慌乱等不必要的损失，也应有所节制。

（5）新闻传播效果的辩证制衡

新闻传播真实性的要求，是应传播效果的追求而提出的。因为只有完全真实的新闻，才谈得上效果。但是我们对传播效果应有辩证的全面的考察。一个城市开展卫生突击活动，一日之中，清出垃圾若干车。如果想一下，这么多垃圾，为何平日不清扫？

便知该城市往日卫生工作并不出色。有了这样全面的考虑，记者报道这件事时就会有适当的把握，也就保证了新闻报道的真实性。

（二）新闻传播的客观要求

### 1. 新闻传播必须客观

新闻传播的客观性，指新闻按照事物的本来面目如实报道的特性，包括内容与形式两个方面。内容上的"客观"，指新闻所报道的事实是一种客观存在的事物、人物或事件；形式上的"客观"，指新闻所显示的倾向性，是通过其所报道的事实的逻辑力量实现的，作者采用的是"客观陈述"的方法。

新闻传播之所以必须客观，首先是因为新闻报道的是新近发生的事实，事实是丰富多彩、多种多样的，但它们又都是客观实在物，都是人们可以感知的，因而报道者必须使自己的新闻报道做到完全客观，使之同事实完全符合。

新闻传播之所以必须客观，其次还因为只有客观传播的新闻，才有力量。人们对新闻传播有兴趣，表示关注，主要由于他们期望通过阅听新闻之后，能及时了解各种信息，并使自己能够适应这种变化而求得更好的生存与发展环境。如果所阅听的新闻是不客观的，同事实的原貌不一致，不仅达不到原本的目的，还可能因受到误导而遭受损失。这样，受传者不仅对这类新闻会失去兴趣，对传播这类新闻的媒介的可靠性也会产生怀疑。

新闻传播之所以必须客观，还因为通过客观报道而显示的新闻倾向性，易于与乐于被受传者接受，从而实现传播者的功利目的。前面说过，在一定的历史条件下，属于不同阶级与阶层的传播者，都想把自己的价值观随着报道传递给受传者，即便是没有特定功利追求的传播者，也会把自己对某一事物的评价同别人交流与共享，因此不少新闻在传递的过程中，也渗入了报道者无意有意加入的自己的看法，即赋予新闻以特定的倾向性。

新闻传播之所以必须客观，最后还因为，客观地报道新闻，是新闻传播工作者的一项基本功，是新闻记者成熟与老练的标志之一。一个初出道的记者，也许会在新闻报道中直接站出来说话，表白自己的观点，而一个老到的记者，他会把自己隐藏在事实背后，运用事实内含的逻辑说服力，显示自己的主张与观点。因此，经过专业训练的新闻传播工作者，都会自觉地去追求新闻传播的客观性，努力掌握客观报道的手法。

### 2. 新闻传播客观性的科学含义

新闻传播的客观性包括内容和形式两个方面，因此分析客观性的含义，也应包括内容方面与形式方面。

就内容而言，新闻传播的事实，必须是客观存在或客观上正在发生与发展的事实。这种事实是一种实在物，是经过变动后出现的相对稳定的产物，或是正在变动过程中的事物，以及变化中呈现的各种状态，还可以是即将要出现变动的事物，但"确实会出现变动"这个因素必须已经存在，而且已经构成不可否认的因果关系。

在新闻传播实践中，为了显示所报道事实的客观性，常常采用交代新闻来源、说明陈述事实的出处、忠实地叙述事实发生演变的经过、详尽地描述相关事件的细节、不厌其烦地引证大量资料、提供多种第一手材料等方法。

就形式而言，新闻的客观性要求通过新闻事实的客观叙述等手段，运用事实的自身逻辑力量显现新闻传播的倾向性，即作者的立场观点不是通过作者自己的直接讲话，而是依靠事实的客观陈述表达出来的。报道者应善于寓褒贬于客观叙述之中，而不随意加以主观的解释。

在新闻实践中，客观性的形式上的要求，常令报道者置身事实的背后，隐匿自己的观点，更不直接出面讲话，而是通过对能够表明自己看法的事实的精心选择，让事实自己"诉说"观点与见解，间接表达报道者的倾向性。这种方法，比作者直接讲话，能收到事半功倍的效果，也符合新闻传播的规律。

### 3. 不客观报道

由于各种主客观因素的影响，在新闻传播实践中贯彻客观性要求，常会出现各种认识上或操作上的障碍。

有人主张使新闻附加外来的成分，通过这些外来成分表明报道者的功利目的。他们认为如果记者不直接站出来，以明确的语言表明自己对问题的看法，说出自己的主张，就不是"旗帜鲜明"，而是态度暧昧。他们担心，读者难以从客观报道中体会领悟到记者的立场与观点，因为"读者的水平太低"，或因"客观报道太隐蔽，让人难以领悟"，所以主张不如"直接表态"。

这种种附加于新闻的"外来成分"，或者成了不必要的"加水"，或者是空洞乏力的说教，或者是原有新闻事实无力说明的纯理论的论证，它违背了新闻报道的规律，使新闻变得冗长乏味，苍白枯燥，失去了活力。这种做法，是我们反对的。

还有人提出客观主义原则，主张新闻只记录发生的事实，不主张对新闻事实进行选择与组织。

我们所提出的客观报道原则，同客观主义是有根本区别的。客观报道是通过对事实的精心选择与精心安排，借客观叙述的形式，巧妙地渗入自己的看法与观点。而客观主义搞的是所谓的"纯客观"，这种做法，或者是不负责任，对受众不加正确引导，或者是别有他图。我们的正确口号应该是：坚持客观报道，反对客观主义。

客观主义也叫"自然主义"，最早是一个文学主张，后来被移植于新闻传播。这种口号，主张在新闻报道中，不分主次，不区分现象与本质，把一大堆各不相属的材料罗列在一起，以示其客观性。显然，实行这种主张，不仅完不成新闻传播的角色任务，受众的正当要求得不到真正的满足，还会被人利用，传播一些有害社会与受众的东西。

（三）新闻传播的公正要求

## 1. 新闻传播必须公正

新闻传播的公正性，指新闻媒介为争议双方提供平等利用媒介的机会，所以公正性也叫"公平原则"或"平等原则"；公正性还包括传播者对新闻事实持不偏不倚的中立立场。

新闻传播之所以应持公正立场，首先是因为传播者与新闻媒介的社会责任，是向受众提供客观存在的事实，以及时人对它的种种评价的客观情况。人们透过媒介想了解的，主要是外界发生了什么变化，以及相关的人们对这种变化持怎样的立场与看法，而不是媒介持反对或赞成的态度。只有向受众提供相对广阔的自由思考、自由评价的空间，才能有助于广泛了解全社会的各种意见，最终集思广益，用全社会的智慧，推动事件的解决与社会的进步。因此，媒介向公众报道社会事件、提供各种真实报道时，应该做到公正无私，不偏不倚，尤其不允许以一己之利、一孔之见代替社会的公众意见，或者假冒民意替代公论。

新闻传播之所以应持公正立场，其次是由于新闻媒介是社会之公器，所以传播业者应向公众提供平等的机会，以同样的报酬条件取得传媒的使用权，包括通过收受媒介获得同样数量的资讯，在媒介上自由发表负责任的意见，对政府和官员实行监督与批评，对传媒的行为进行监督与批评。

## 2. 新闻传播公正性的科学含义

新闻传播公正性的含义，十分简单与明确，主要包括这样三个方面的要求：

第一，新闻传播不以一己之立场，片面地报道事实与提供只是自己赞成的一方面意见，不报道或歪曲报道另一方面的事实或自己反对的一方的意见。

第二，新闻传播者不以自己的一己立场与观点，选择、报道与评价、解释事实，并且通过这种选择与解释误导受众。

第三，新闻传播者不以一己之立场，剥夺部分人利用媒介传播自己赞同的立场与意见的权利与机会。

如果换一种叙述，新闻传播公正性的科学含义，主要包括：传播工作者负有社会责任和职业道义，保障公民享有平等地从媒介获得资讯、发表意见、进行申辩和反对他人观点的权利与机会；传播工作者不享有传播自己个人意见与片面事实，并以个人意见与片面事实压制他人意见与其他事实公开传播的特权与自由。

### 3. 不公正报道之举证

具有代表性的不公正报道，大致有以下五个方面：

（1）偏袒一方，压制一方

传播工作者对于世间的事件，很难没有自己的看法。但是在传播与报道事实的时候，不允许只报道自己欣赏、赞同的事件，不报道或歪曲报道自己反感或反对的事件。有的时候，记者在报道社会事件的争执双方时，明显地偏袒一方，压制另一方。一方的各种事件，事件的各个侧面乃至各个细节，当事人的各种意见与看法，甚至对另一方的攻击，都得到详尽的报道；另一方的事实与意见，很少或者根本没有见报、播出的机会。有的时候，记者甚至公开站在一方，指责另一方。这种不公正的报道与记者的不公正处事方式，常常造成不好的传播效果，影响媒介的声誉。

（2）强扭事实，片面报道

有的时候，传播者以自己的主观臆想或片面需要，剪裁事实，乱扭角度，让并不能证明立场正确的事实来证明"正确"，或并不能证明错误立场的事实来证明"错误"。

（3）主观武断，强加于人

报道不同意见的争执时，不问什么意见，也不问有多少人持这种意见，便武断地说他们如何如何，另一些人如何如何。强加于人，令人不服，也不公正。

（4）不给更正，难以申辩

新闻媒介只发表一方的意见，不给另一方发表更正、申辩或反批评机会。批评指责一方，如雷打雨倾；另一方被误批却得不到说明、解释的机会。双方得到的是不平等的利用媒介的机会，明显地违背了新闻传播的公正性原则。

（5）作者有权，读者无权

新闻媒介有时对作者和读者也采取不公平的态度与做法。同媒介有关系、同媒介熟识的作者，有机会在报刊与电子媒介上传播不真实的报道，发表不正确的见解，读者或观众、听众有不同的意见，写了信去投诉，去了稿进行反驳，如石沉大海，不见回音。

上述五个方面的不公正报道，均须引起重视，采取切实措施，加以克服与改进。

## 4. 公正与倾向

新闻传播的公正性，是媒介与传播工作者取信于民、立足社会的基础。在社会生活中，掌握在不同社会集团（包括商业机构）手中的传播权，又常常赋予媒介一定的倾向性，所有这些立场、观点与倾向，都必须牢牢地构筑在可靠的公正性之上。否则，一个失信于民、为社会所不认同的媒介或媒介工作者，它（他们）的倾向性是无人会接受的。一个无人认同、没有说服力、更没有人可以接受的倾向性，又有什么用呢？

公正性是倾向性借以存在的基础，也是倾向性得以发挥社会效应的前提。一个企图说服受众，企图以自己的倾向性影响社会公众的传播媒介和传播工作者，如果不尊重媒介的公正性，不以公正性为倾向性之前提，那么这种倾向性也是无法实现的。

总之，新闻传播的倾向性与公正性是一对相互联系、相互制约的矛盾范畴，我们应在坚持公正性的前提下，表现新闻传播的倾向性。

（四）新闻传播的全面要求

## 1. 新闻传播必须力求全面

新闻传播的全面性，指新闻传播中提供各方面的事实、情况、意见，不片面报道和隐匿事实。

新闻报道确保全面，是社会和民众对新闻传播的共同要求。新闻传播力求全面，是新闻媒介和传播工作者的职业追求。

新闻传播之所以力求全面，首先是因为，只有向受众全面地提供事实与情况，尤其是意见与看法对立的事实与情况，才能保证新闻传播的宏观真实与客观公正。新闻报道提供各方面的事实，包括成绩与问题、优点与缺陷、长处与不足、经验与教训，受传者才有可能从宏观的视角考量与评价事实总体，使人们对报道的总体事实有实事求是的评论。新闻报道如果提供了方方面面的事实、情况、意见，人们就能从中得出客观与公正的结论，并形成正确的认识。所以说，全面性是新闻传播实现真实性、客观性和公正性的前提。

新闻传播之所以力求全面，其次是因为，全面报道事实，全面提供各方面情况与意见，有助于受众了解全局，认识事物整体，知晓事件全过程，从而从根本上实现新闻传播的最终目的。受众通过新闻媒介了解世界，改造世界，使自己与世界融为一体，是利用新闻媒介的根本目的。如果提供的事实、情况与意见是全面的、完整的，受众在把握整体材料与资讯的情况下，可以通过比较、分析，得出对这些事件的正确认识，自然有助于达到认识与改造世界的目的。

新闻传播之所以力求全面，还因为，全面报道与评论事实，是传播工作者的社会责任。保证受众收受新闻传播目的的实现，使受众通过新闻传播得到全面的资讯，了解全面的事实与情况，以便他们构筑完整的外界形象，掌握总体的状况，是一切传播工作者的责任。新闻传播的全面性，正是对传播行为的一种要求，一种职业规范。

### 2. 新闻传播全面性的科学含义

对于新闻传播的全面性，可以从以下三个方面去理解与把握：

第一，对一件新闻事实（事件）的报道过程要完整，情节要详尽，尤其是不可或缺的重要过程与情节，必须做出具体细致的报道，实在无法提供有关情况者，要做出交代或说明。

第二，对一种社会现象的报道，提供纵向与横向的全方位材料，以及对这些材料的分析，既不隐恶显善，又不隐善显恶，使公众能够毫无障碍地获得关于这些社会现象的总体资讯和全部看法，以便通过独立的观察与思考，得出他们自己的印象和结论。

第三，对于有争议的问题的报道，充分顾及和全面报道各种情况、意见与看法，即便是少数人的意见与看法，或者在传播者看来是错误的而不加认同的意见与看法，也应无保留地向公众公开报道，而并不将自己的看法强加于社会公众。

上述三个方面，归结到一点就是，新闻传播的全面性，要求向公众提供全面的而不是片面的、整体的而不是零星的、正确的而不是歪曲的事实、情况和意见。这是全面性最基本的内涵。

### 3. 新闻传播不全面之揭露与防治

新闻传播实践中，不全面的情况常常发生，择其要者，大致有如下三种表现：

（1）报道事实，只顾一面忽略另一面

每一种事实，都是以多面体状态呈现于世。但传播工作者接触它们，采访它们，出于种种原因，常常只看到一面，看不到另外一面，或者只允许看一面，报道一面，不允许看另一面，报道另一面。记者工作的环境，往往是错综复杂的。

（2）评论事实，只讲一面无视另一面

无可否认，新闻媒介评论事实或就社会事件发表的意见，总是有一定的倾向性的。

（3）分析报道社会现象，只注意一种倾向而掩盖另一种倾向

社会发展的走向，事物演变的趋势，总是多样化的，不会静止地简单地向一个方向发展变化。由于新闻媒介背景与传播动机，有时传播工作者只注意和报道其中的一种倾向，不注意和不报道甚至掩盖另一种倾向。在新闻传播实践中，这种情况时有发生。

上述三种不全面报道的情况，究其原因，是认识上的片面性和工作上的主观性造成的。总以为传播工作者完全可以凭借主观努力，想怎么报道就怎么报道，你怎么报道公众就接受什么报道，其实是不可能实现的。新闻传播是有规律的，公众收受新闻传播也有其认识规律。因此，克服思想认识上的片面性，反对单纯的不顾传播规律的主观主义，是确保新闻传播全面性的必要条件。在工作规范与职业操作上，也应有相应的改进与提高。

（4）选择与全面、典型与综合的统一

在新闻传播的过程中，始终伴随着不断的和反复的对事实、新闻事实、新闻报道（作品）的选择。对事实的选择与对新闻的选择，贯穿于新闻传播的全过程。这里主要讨论选择与全面的关系。因为我们常常通过选择确定典型报道，所以也讲到典型与综合的关系。

从表面看，全面性要求提供整体的、各方面的事实，而选择又规定要选取公众最关注、党和政府目前正在全力推进的工作的事实，二者岂不矛盾？

在实际工作中，选择是通过全面考量各种事实，经过反复比较分析而后实施的，因而，选择是在全面把握事实的基础上进行的。

在一个开放的社会中，传播者常常通过提供各方面的事实，让受众有一定的自由选择的空间，而获得充分的传播效果。他们懂得，只是提供单方面的事实，受众是不会满意的。受众或者因不满足单一的事实而去收受其他媒介的传播，或者干脆因怀疑而拒绝接受这样单一的传播。因此，正确的选择，总是同提供较多的较全面的报道并行的。在新闻传播的过程中，要注意选择性与全面性的统筹安排，正确决策，不因全面性损害选择性而模糊了新闻的倾向与立场，又不因选择性损害全面性而影响自己的声誉与形象。

总之，正确处理选择与全面，典型与综合，是一种正确掌握新闻调控、运用新闻规律的新闻传播的艺术。

　　（五）新闻传播的快捷要求

## 1. 新闻传播必须迅速及时

　　新闻传播必须迅速及时，即新闻传播具有快捷的特点与要求。这种要求，可以用时间性（快捷性）与时效性来概括。时间性指新闻发布与新闻事实发生之间的时间差（时距），时距越小，传播效果越好，也就是该新闻传播越具价值。时效性大致上也是这个意思，只不过侧重表达传播时间与传播效果的关系，其中还要考量传播环境的外在因素。从理论上说，时效性指事实发生与作为新闻事实予以报道的时间差（时距），同新闻面世以后激起的社会效果的相关量，即新闻产生应有社会效果的时距限度。显然，时效性的含义更丰富，并不限于快捷，有的时候，新闻发布如果略为压迟一会儿，事实掌握得更全面一些，受众闻知新闻的欲望更强烈一些，效果可能会更好一些。但是时效性的基本精神仍是快捷，因为及时传播是新闻致效的根本保证，所以在实际应用时间性与时效性这两个概念时，有的人对之不加仔细区分，都强调一个基本原则：快捷、迅速、及时。

　　新闻传播之所以要求快捷，首先是因为，新闻报道的是瞬间的变动的事实，"眼睛一眨，老母鸡变鸭"，这瞬间的变动不及时抓住，事实就会时过境迁，不再依旧。有的时候，不及时的报道，不仅减损新闻价值，还可能成为失实的新闻。

　　新闻传播之所以要求快捷，其次是因为，新闻事实是层出不穷的，追求更新的事实，是传播工作者的天职。只有快捷、迅速及时，才有可能抓住新近变动的事实，在第一时间内予以报道，否则总是报道"旧闻"，失却新闻报道的特点。

　　新闻传播之所以要求快捷，再次是因为，受众要求及时获知外界刚刚发生的变动。受众只有及时了解外界的变动，才能尽快地认识、适应甚至利用这种变动，"赶上潮流"，生存发展得更好更快。现代生活越是向前发展，对于快捷传播的要求也会随之更高更迫切，而现代科技的进步，也可以为这种更高更迫切的要求提供技术与方法上的保障。

　　新闻传播之所以要求快捷，最后还因为，新闻竞争目前已经十分激烈，而传播快捷，是新闻竞争的一个重要方面。迅速及时的新闻报道有力量，有吸引力，能最大限度地得到受众的青睐；反之，陈旧迟滞的报道就不再有吸引力，因为这种新闻置传媒于死地，为人们所摈弃。

## 2. 抢新闻与报道时机

新闻传播要求快捷及时，抢新闻自然成为新闻运作中的题中应有之义。从字面上看，"抢新闻"的意思不难理解，即传播工作者要尽量快捷地发现新事实，报道新近发生的变动。

但是，对于抢新闻，不同媒介有不同的操作。我们主张要快，要抢，但又反对"唯速主义"，对于什么情况下要抢，什么情况下不抢，甚至在特殊情况下，可能还会压一下，要具体问题具体分析，要注意报道时机。

所谓报道时机，指现实生活中潜存着的有利于某项报道获得良好效果的机会。一项报道发表的时机得当，就会引起读者的兴趣与重视，反之则可能使读者的兴趣减弱，甚至产生错觉、误解和反感，造成不必要的经济损失。传播实践告诉我们，选择报道时机，应注意发表时的环境与背景，读者的兴趣和注意力的变化。此外，还要考察是否与实际生活及重大政策等步骤相配合，既不要超越发展的阶段，也不要落后于形势的变化，更不要由于抢新闻而给实际工作带来不必要的损失。

正确把握报道时机，实现抢新闻的正面效应，对媒介和传播工作者提出了很高的要求。首先，要求站得高，看得远，能够全面把握事实；其次，要懂得正确运用战略与策略，既要有眼光，又要有本事，需要快的时候，能倚马可待，脱稿见报。

## 3. "慢三拍"现象及其成因

在我国新闻传播界，有一些媒介和不少新闻从业者，具有较强的抢新闻意识，在条件具备与实际需要的时候，敢拼敢抢，创造过出色的业绩，在抢新闻方面，给世人尤其是给海外同行，留有深刻的印象。

但是，也有不少媒介，不少新闻从业者，缺乏抢新闻意识。有的媒介和从业者，在"反对唯速主义"的借口下，慢慢腾腾，该拼不拼，该抢不抢。决策慢，采制慢，刊播慢，同人称为"慢三拍"。

对于什么事实该传播，什么事实不该传播，什么该快该抢，什么要静候待发或不发，确有正确决策之必要。但这种决策，必须在尽可能短暂的时间内完成。

新闻的采制如同打仗，要分秒必争，不可议而不决，决而不动。记者要快采快写，编者要快编快发。记者应该是全天候式的，随时准备进入"作战状态"，不能朝九晚五，按时上班，按时下班。

我们要求新闻传播做到客观真实，这是我们的目标。但我们又应该懂得，客观和真实，有时是在不断的快捷的连续报道中实现的。

随着新闻改革的深化，新闻观念的更新，工作作风的进步，以及国家还有一些投入和媒介自身经济实力的增强，上述四个影响传播快捷的因素相信会逐渐得以克服。一个快捷传递新闻的新时代，一定会到来，新闻传播"慢三拍"的现象，一定会得到彻底改变。

### 四、新闻传播的社会功能

#### （一）传播的社会功能

#### 1. 传播社会功能的学说

关于传播社会功能的明确表达，最早出现在哈罗德·德怀特·拉斯韦尔1948年的论文《社会传播的结构与功能》中。在这篇论文中，拉斯韦尔提到了"五W模式"。在讨论完传播的模式之后，拉斯韦尔讨论了传播的三种功能，即"监视周围环境，联系社会各部分以适应周围环境，一代代传承社会文化"[①]。这三种功能可以简单地概括为监视功能、联系功能和传承文化功能。监视功能指的是大众传播帮助人们持续地、及时地关注环境的变化，这种功能通过向受众提供新闻信息来完成，这类信息中主要是指一些危险情况和与经济、公众以及社会生活密切相关的重要新闻；联系功能指的是大众传播"指示人们应如何对周围发生的事件做出反应"[②]；传承文化功能指的是大众传播通过对知识和社会规范的传播，使之在社会成员中一代代地传递下去。

赖特继承了拉斯韦尔"三功能说"，并在此基础上围绕大众传播的社会功能问题提出了"四功能说"：

①环境监视——大众传播在特定社会的内部和外部收集与传达信息的活动。

②解释与规定——大众传播并不是单纯的"告知"活动，它所传达的信息中通常伴随着对事件的解释，并提示人们应该采取什么样的行为反应。

③社会化功能——大众传播在传播知识、价值以及行为规范方面具有重要的作用，也称为大众传播的教育功能，与拉斯韦尔的"社会遗产传承"功能相对应。

④提供娱乐——大众传播的一项重要功能是提供娱乐，尤其是在电视媒体中。

---

① ［美］沃纳·赛佛林，小詹姆斯·坦卡德．传播理论：起源、方法与应用［M］．罗世宏，译．台北：五南图书出版股份有限公司，2000：347.

② ［美］沃纳·赛佛林，小詹姆斯·坦卡德．传播理论：起源、方法与应用［M］．罗世宏，译．台北：五南图书出版股份有限公司，2000：348.

施拉姆从政治功能、经济功能和一般社会功能三个方面对大众传播的社会功能进行了总结。他认为，大众传播的政治功能主要包括监视、协调、社会遗产、法律和风俗的传递。经济功能包括：关于资源以及买和卖的机会的信息；解释这种信息；制定经济政策；活跃和管理商场；开创经济行为等。一般社会功能包括：关于社会规范、作用等的信息；接受或拒绝它们；协调公众的意愿，行使社会控制；向社会的新成员传递社会规范和作用的规定、娱乐等。

施拉姆分类法的重要贡献在于它明确提出了传播的经济功能，指出了大众传播通过信息的收集、提供和解释，能够开创经济行为。大众传播的经济功能并不仅仅限于为其他产业提供信息服务，它本身就是知识产业的重要组成部分，在整个社会经济中占有重要的地位。这也是对新闻传播的经济属性的确认。

另外两位美国学者拉扎斯菲尔德和默顿在《大众传播的社会作用》一文中则特别强调了大众传播的另外三种功能：社会地位赋予功能、社会规范强制功能和麻醉功能。

①社会地位赋予功能。它指的是"任何一种问题、意见、商品乃至人物、组织或社会活动，只要得到大众传播的广泛报道，都会成为社会瞩目的焦点，并获得很高的知名度和社会地位"

②社会规范强制功能。大众传播媒介通过将背离公共道德和偏离社会规范的行为曝光于社会面前，从而唤起普遍的社会谴责，将违反者置于强大的社会舆论压力下，起到重申社会准则并促使人们共同遵守的作用。

对于传播的功能研究来源于西方社会学的结构功能主义学派，并吸收了心理学、社会心理学的研究成果。默顿在对大众传播媒介的功能分析中，引入个体、群体、社会结构、文化结构等具体分析单位，将研究者的目光从社会整体转向能够进行经验分析的具体层面，这就使对传播活动的功能研究摆脱了以往对传播功能一体化认识的模式，能够在心理功能、群体功能、社会功能、文化功能等不同方面展开对传播活动的全面考察。对隐性功能、显性功能、正功能、负功能等概念的辨析和引入，则为分析大众传媒的多重功能提供了一套有效的话语系统。

## 2. 传播社会功能的分类

从功能呈现的方式来看，它可以分为显性功能和隐性功能。显性功能是人们可以明显看出或感觉到的作用或效能，而隐性功能则是人们不易察觉的作用效应。这二者有可能产生正面作用，也可能产生负面作用。

从功能释放的效应来看，传播可以分为正功能和负功能。正功能是信息传播的正常效果，也是传播者所预期的和追求的。只要传播者在事前对整个过程逐项精心组织，巧妙安排，通常都能实现。负功能则是传播者在传播活动中不愿见到的和力求避免的令人不愉快的负效应。在大众传播中，每一项正功能都可能转化为负功能，但被批评较多的主要有这么七种负功能：虚假信息，信息泛滥，信息污染，麻痹大众，垄断意见，人情冷漠，金钱至上。负功能对正功能的影响力有干扰、滞退的消极作用；而正功能的有效发挥，也有助于抑制负功能的产生。

从功能应用的区位来看，它可以分为思想功能和交际功能。思想功能是指人类传播活动对人的思想意识所产生的各种作用，包括教育、启发、娱乐、影响等。交际功能是指传播活动对人与人之间的交往关系所产生的各种作用，包括享受家庭温暖、感受朋友情谊，追求补偿、摆脱挫折、驱除紧张感、打破孤独感等。

从功能产生的渠道来看，它可以分为个人功能、组织功能和社会功能三种。

从功能产生的纵深度来看，它可以分为传播的直接功能与深度功能。传播的直接功能是人们在社会中可以直接感知到的作用力，影响着人们对环境的认知。其深度功能则通过对人的社会、政治、经济的深入影响改变世界的状况。这种深度功能建立在直接功能的基础上，是一种潜移默化的影响，但这种影响最为深远。

### 3. 传播的深度功能

（1）培育、提升人的社会化

所谓社会化就是指作为个体的生物人，通过社会交互作用，学习社会文化，参与适应社会生活，成长为社会人的过程。具体来讲，社会化包括两个方面的含义：一是个人在社会中通过学习活动，掌握社会知识、技能和规范，取得社会成员的资格。二是个人积极参与社会生活，适应社会环境，再现社会经验。因而，人的社会化是个人学习社会和参与社会的统一。人们无论是学习还是参与社会生活，都无法避开大众传媒对人的意识和行为的作用及影响。具体表现在：

①大众传播为人的社会化提供内容支持。媒介给人类提供了包括谋取物质生活资料的劳动方式和生活方式，比如婚姻家庭形式、人际交流形式、社会体制形式等。各类新闻报道告诉人们，这一切都是在人们的相互作用下、在社会互动中逐渐产生的。媒介把个人的生存目标和手段传授给他人，就是个人的社会化。

②大众传播建构人的个性化和价值观。社会化的过程，是使人们形成一些进行社会交往的共性的过程，但其中也有个性的获得。人在社会化的本质过程中，所获得的结果是不同的，表现为个人兴趣、性格、气质等的差别，以及个人的思想、意识、觉悟、品

德的差别。媒介培养人的社会化，更多地表现为培养人的个性，以鲜明生动的各类人物命运感化、塑造受众。媒介提供了各种社会价值的范例，让人们逐渐认识到自己的价值观将有可能成就哪种类型的人生。

③大众传播提供人的发展方向。社会关系实际上决定着一个人能够发展到什么程度。就人本身而言，他与自然、社会和人自己本身的关系也存在一个由"狭窄""片面"到比较"全面"的过程，并在这个过程中不断完善自身，促进自身的发展。

（2）推动经济形态的发展

①展示经济的发展动力。18世纪初的欧美报刊，关于珍妮纺纱机、风力动力机、蒸汽机及各类手工工场的报道令人目不暇接，走进手工工场的工业繁荣成为报刊上的壮丽景观。这些新闻表明科学技术产生的新兴生产力对社会制度和意识形态产生了极大的影响。

②预测经济形态的发展。一般来说，每篇经济报道都是对单一经济现象的披露和说明；在一定时期内，无数篇相关经济报道能够显示社会经济的发展方向。首先，报道新的经济形态。比如，据媒体报道，进入21世纪，世界各种经济势力不断整合并发生变化，涌现出许多新型的经济形态，如信用经济、眼球经济、拇指经济、网络经济、虚拟经济和知识经济等。与传统的经济形态相比，这些新型的经济形态具有不同的特点，如满足更高层级的人类需求、消造性、共时化、休闲性、时尚性，以第三产业为主要载体等。此外，阐释社会经济变革，经济报道可以揭露经济形态的内部矛盾，从而为经济变革指出正确的方向。它一般通过以下三种途径进行的：第一，科学地报道经济体制改革的目标；第二，通过经济报道引导经济发展战略的调整；第三，通过报道政治领域的变革来对经济变革产生作用。

（二）新闻的社会功能

## 1. 新闻报道的社会功能

（1）国内新闻报道的社会功能

各类新闻报道涉及社会生活的方方面面，能够满足不同受众的不同需要。比如，体育新闻和娱乐新闻，因为人们有了较好的经济条件和更多的休闲时光来享受精神文化生活，休闲娱乐成了现代人生活中不可或缺的内容。

还有一个问题是，当国内传播和国际传播发生冲突的时候怎么办？从全球角度看，二者的差异是越来越小，但是，出于各种各样的原因，这种差别依然如故。

（2）国际新闻报道的政治功能

从政治角度看，国际新闻的功能主要体现在以下六个方面：

①通过提供国际政治信息，满足受众的知情权。国际新闻是民众了解国际形势和国际舆论的主要渠道。每当重大的国际事件发生，人们都希望了解国外发生了什么重大事件，各国政府对这些事件的态度和措施，世界民众对事件和各国态度的反应如何等，这些都要靠国际新闻传播。在现代政治条件下，国际新闻媒体通过信息传播已经成为国际舆论的主要代言人，而国际舆论直接影响到政府的决策。

②通过议程设置而影响国际舆论，建构话语权。例如，美国媒体对越南战争的报道影响了民众对战争的态度，对海湾战争的报道则影响了世界舆论关注的焦点。

③服务国际战略及外交，维护国家利益。外交是国际战略的组成部分，而且是一个短时期显现出来的现象，新闻报道也以及时和迅速作为基础，所以在这一层面上，国际关系与外交关系更为密切。国际新闻影响外交的方式主要有以下三个方面：首先，国际新闻报道可以为外交政策或重大的外交活动营造声势，烘托气氛，进行舆论铺垫；其次，国际新闻报道也是外交决策重要的消息源；最后，传媒还通过国际新闻报道直接参与外交进程。由于传媒的加入，外交的内容和形式也日益丰富。

④监督政府或国际社会，促进民众的政治参与。尽管政府和媒体都服务于国家的整体利益，但是维护的方式并不完全相同，媒体的国际新闻报道在服务外交政策的同时，也可以在监督政府的对外政策方面发挥重要作用。

⑤展示"软实力"，建构国家形象。国家形象，是国际社会公众对一个国家相对稳定的总体评价，是一个主权国家和民族在世界舞台上所展示的形状相貌及国家环境中的舆论反映。可以列出一个公式：国家形象＝国家行为＋媒体传播＝国际社会公众的总体印象和评价。

⑥社会动员与政治社会化。社会动员是人们所承担的绝大多数旧的社会、经济、心理义务受到侵蚀而崩溃的过程，人们获得新的社会化模式和行为模式的过程。媒体的报道在许多国家的现代化过程中扮演了社会催化剂和动员令的作用，特别是国际新闻的报道。

（3）国际新闻报道的经济功能

国际新闻中的经济报道分为国际经济报道、对外经济新闻传播和全球性经济新闻报道三个部分。国际经济报道探讨的是生产要素在国家之间的流动与控制问题，与国际经济学一致，在内容上可以分为国际贸易、国际金融和国际经济关系报道三个方面。

对外经济新闻传播的主要目的是在向接受者宣传本国文化和生活方式的同时，提供更多的可供经济选择和决策的信息，促进本国经济的发展。而全球性经济新闻报道则是经济全球化和跨国媒体集团的伴生物，主要是指世界性通讯社和跨国媒介集团对世界性经济事件和现象的整体性报道。这些报道从各个方面丰富着我们对世界经济信息的了解，为国际经济的发展提供了帮助。

在提供经济信息的同时，国际新闻的经济功能还有解读各国经济政策和社会经济活动、监督社会的经济运行、传播经济意识和消费观念、促进本国和国际经济发展的重要功能。

在国际新闻领域，国际新闻本身也是可以带来利润的商品，国际新闻的交换、购买和收看都有经济的因素在起作用，而著名的国际媒体也往往是著名的商业企业。国际新闻商品化是与媒体的企业化和市场交换机制的形成同时开始的。

（4）国际新闻报道的文化功能

国际新闻与文化和跨文化传播具有密切的关系，新闻本身就是一种文化的符号和载体，国际新闻也是跨国跨文化的新闻。"所谓社会整合，也就是一个特定社会成员通过某种方式而凝聚在作为社会核心的价值观、信念周围，彼此结成紧密关系并在行为方式上基本保持一致。"① 国际新闻提供的社会整合包括两个层次：首先，它可以通过传播新闻而增加国家层面的共同体意识；其次，在当代全球传播的环境中，国际新闻传播还可以增强人类的共同意识。

## 2. 新闻评论的社会功能

（1）培养受众理性

党的方针、政策反映了最广大群众的根本利益，也是群众最关心的问题。宣传、解释党的政策是新闻评论的一项基本任务。对于一项新的政策，它的基本精神、要点、意义何在？执行过程中产生这样或那样的阻力，如何解决？这些问题都需要新闻评论及时进行宣传和回答。当前农户兼业化、村庄空心化、农村老龄化的趋势越发明显，今后谁来种地成为全民关注的热点。为此，《人民日报》2013 年 2 月 1 日发表社论《创新农业经营体制　增强农村发展活力》，解读了中共中央国务院《关于加快发展现代农业　进一步增强农村发展活力的若干意见》，认为这是党中央连续发布的第十个指导"三农"工

---

① 邵志择. 新闻学概论 [M]. 杭州：浙江大学出版社，2006：43.

作的"一号文件"。

（2）教育受众的功能

新闻评论大多数是就每天发生的新闻事件和各种新问题做文章。现代生活瞬息万变，新事物新问题层出不穷。人们读报对某事某人不仅要知其然而且还要知其所以然，了解它们的来龙去脉、社会意义以及与自己的关系。新闻评论正是在这里显示它的特有功能。评论作者以其敏锐的眼光和深刻的洞察力观察生活，分析问题，寻幽探微，力求发掘事实的本质及其丰富的内涵，帮助读者认识社会和自己身边发生的事件，获得思想上的启迪和教益。

（3）舆论监督的功能

具体来说就是反映民意，舆论监督。新闻评论既起到党的喉舌的作用，又起到人民喉舌的作用——反映群众的呼声要求，为民立言。

（4）舆论导向的功能

具体来说就是批驳谬论，坚持真理。当前，中国早已步入"汽车时代"，而酒驾也成为越来越凶残的"马路杀手"，为此《广州日报》2009年8月19日发表评论《严打醉驾，还要反思酒文化》，文章认为："一定程度上说，传统的劝酒、逼酒陋习助长了酒驾的恶习。尽管《交通安全法》明令禁止酒后驾车，但鉴于酒文化的根植过深，汽车文化一时还未能对其造成有效冲击。酒文化虽然包罗万象，但肯定容不得酒驾。因而，在严打酒驾之外，有必要对酒文化中那些劝酒、逼酒陋习给予一定的警示，让劝酒者也承担部分酒驾责任。"这一舆论导向成功提高了国人的安全素养。

（三）新闻传播的功能优化

随着微博等新媒体技术的全面兴起，传播的反功能、潜功能和非功能大行其道。所谓反功能就是消极功能，而潜功能就是还没有开发的功能。至于说非功能，就是毫无意义的一些呈现。

**1. 公民新闻兴起对新闻传播提出挑战**

公民新闻指从新闻的采访、写作到最后的编辑发布，都不假手于专业记者或编辑，完全由"读者"自己采写的新闻。网络是公民新闻的"原发地"，它的未来应该是在与大众传媒的并存、交融和协调中谋求发展，在互动合作中一起共享着信息时代的资源。在这种背景下，传播的功能变得比以往任何时候都要更加多元化，它在具体情境中被不断重构。这样的传播方式正在颠覆着我们对传播社会角色的理解，也正在使我们的传播控制走向失效。因此，如何将新闻传播的功能进行优化成为与时俱进的要求，也成为媒体人刻不容缓的责任。

### 2. 新闻传播功能优化

根据当今受众的特点，努力改进新闻报道方式。比如，要改平面化的报道方式为立体化的报道方式；要改单线性的因果报道方式为多维性的宣传方式；要"人化"地宣传新闻典型，要善于将要宣传的基本主题组织到为受众所能接受的宣传主题中去；等等。

# 第二节　新闻传播的要素——传播者、媒介和受众

## 一、传播者

### （一）新闻传播者的角色定位

"角色"一词源出于戏剧用语。20世纪20年代美国社会学家、社会心理学家乔治·赫伯特·米德将其引入社会心理学，用来分析个体心理行为和社会规范之间的相互关系。在人类社会，个体人必须扮演一定的社会角色，即个体在特定的社会和群体中占有的相应地位和身份。个体人社会角色的形成是通过个体的社会化过程而完成的。也就是说，个体通过一定的社会实践，学习知识和技能并在某种程度上被引导去适应他所在的社会团体的规范，从而使自己从一个自然人变成一个社会人的过程。

### 1. 角色学习与角色冲突

在个体社会化过程中，首先面临的是角色学习，即为了成为社会群体中的一员，扮演好一定的社会角色，个体必须进行角色学习。学习角色的义务与权利，学习角色的态度与情感等，以期待成为社会成员之一。

角色学习具有一定的强制性。角色学习并非易事，角色学习是在一定的社会文化背景以及社会规制下进行的，社会成员总是受到自己所在社会的各种规范的制约。

角色学习具有个体主动性。角色学习的主体具有对学习内容的主动选择性，特别是个体在信仰、职业、社会道德实践等后天领域的角色学习中占据主动选择的地位。

角色学习具有个体终生性。在人类社会中，每个独立个体的社会化过程漫长，在人

的生命周期的不同发展阶段，其社会化有着不同的内容与任务，如性别角色社会化、政治角色社会化、经济角色社会化、文化角色社会化、职业角色社会化、道德角色社会化等。所以，角色学习往往是毕生所为，呈现出终生性的特点。

### 2. 新闻传播者的社会角色定位

信息传播古已有之，而新闻传播者是随着近、现代新闻事业的产生而出现的新的社会分工所形成的一种新的社会职业。早在 16 世纪前后，随着意大利水城威尼斯等地早期报纸的诞生，出现了一批以收集新闻为生的专业人员，这可视为最早的新闻记者。随着新闻事业的发展，以记者和编辑为主体的新闻传播者队伍不断扩大，门类越来越多，专业性越来越强。

### 3. 新闻传播者的角色规定

角色规定是指对扮演某种角色的资格、条件及行为的规范，并为该角色个体所认同。在现实生活中，社会角色总是由其实际情况与条件所决定，并表现出一种实际行为。人们将属于某种特定角色人的实际行为，称为角色行为，它受一定的社会地位、群体压力、社会风气、社会公认的价值标准制约。

经过数百年文化积累以及新闻传播者角色期待与角色行为的相互整合，新闻传播者的角色规定可由两方面构成：新闻传播者的素质修养和行为规范。

有学者总结出这样一项公式，即新闻传播者的整体素质＝长×宽×高，"长"是业务专长，"宽"指的是知识面，"高"是思想境界，并指出这样的一种素质构成是一个立体化的结构，而不是平面的或者仅仅是点与线的连接。三者之间的相乘关系，使其整体的素质呈几何级数增长。具体到业务专长，包括较强的社会活动能力、调查研究的基本方法、特殊的新闻敏感、出色的符号运用能力、现代采编工具的运用等，都是题中应有之义。关于知识修养，新闻传播者的职业特点要求其必须具备广博的文化知识和社会知识，也即新闻传播者的知识结构在"专"的前提下，越"杂"越好。对于新闻传播者的思想境界而言，要求其有良好的道德修养和职业的社会责任感等人格境界。除此之外，还要具有高迈的思想理论境界，即有较高的马克思主义理论水平，能够运用马克思主义的基本原理和方法观察、分析客观事物，对各种错综复杂的社会现象进行正确的思考和判断，通过自己的新闻报道和言论来推动整个社会的健康发展等。

### 4. 新闻传播者的角色责任与权利

新闻传播者的角色责任体现在新闻传播的全过程。在新闻信息采集中，新闻记者要尽可能多和尽可能好地满足新闻接受者的多种信息需求，既正确引导社会的信息需求，又满足多样化的社会信息需求，并忠实地执行新闻调控机关的命令和指示，务使所给定的信息具有合法性和合理性。与此同时，要培养良好的职业技能，以出色的新闻敏感和传播敏感及时发现与捕获信息，不遗漏主要的信源和信息。

在新闻信息的加工与制作过程中，新闻传播者对采集到的信息进行内容与传播形式的加工处理，包括信息的取舍和过滤，其责任在于正确的把关，即合理控制新闻信息的流量与流向。对信息的选择与加工，取之、舍之有法可依，增之、删之有据可援，从而令新闻传播的调控机构、新闻接受者、新闻传播者自己"三满意"。

在新闻信息的反馈阶段，应及时了解全部的反馈信息，及时调整后续传播行为。

当然，在新闻传播者的职业生涯中，也拥有多层次、多种类的权利，即具有一般公民所具有的法定权利，也具有作为新闻传播者所具有的职业权力。主要包括：

第一，知察权。是指新闻传播者作为社会成员之一，有获得有关自身所处环境及其变化的信息、保障社会生活所需要的各种有用的信息的权利，是人的生存权的基本内容之一。

第二，著作权。《中华人民共和国著作权法》第十条规定，著作权包括下列人身权和财产权：发表权，即决定作品是否公之于众的权利；署名权，即表明作者身份，在作品上署名的权利；修改权，即修改或者授权他人修改作品的权利；保护作品完整权，即保护作品不受歪曲、篡改的权利；复制权，即以印刷、复印、拓印、录音、录像、翻录、翻拍等方式，将作品制作一份或者多份的权利；发行权，即以出售或者赠予方式向公众提供作品的原件或者复制件的权利；出租权，即有偿许可他人临时使用电影作品和以类似摄制电影的方法创作的作品、计算机软件的权利；展览权，即公开陈列美术作品、摄影作品的原件或者复制件的权利；表演权，即公开表演作品，以及用各种手段公开播送作品的表演的权利；放映权，即通过放映机、幻灯机等技术设备公开再现美术、摄影、电影和以类似摄制电影的方法创作的作品等的权利；广播权，即以无线方式公开广播或者传播作品，以有线传播或者转播的方式向公众传播广播的作品，以及通过扩音器或者其他传送符号、声音、图像的类似工具向公众传播广播的作品的权利；信息网络传播权，即以有线或者无线方式向公众提供作品，使公众可以在其个人选定的时间和地点获得作品的权利；摄制权，即以摄制电影或者以类似摄制电影的方法将作品固定在载体上的权利；改编权，即改变作品，创作出具有独创性的新作品的权利；翻译权，即将作品从一种语言文字转换成另一种语言文字的权利；汇编权，即将作品或者作品的片段通过选择或者编排，汇集成新作品的权利；应当由著作权人享有的其他权利。

第三，监督批评权。是指新闻传播者与所有公民一样，有监督国家机关及其工作人员的公务活动的权利。它是公民参政权中的一项不可缺少的内容，是国家权力监督体系中的一种最具活力的监督。它包括新闻传播者以公民的身份直接行使的监督权和公民通过自己选举的国家代表机关代表行使的监督权。除此之外，新闻传播者还有借助新闻传播媒介所进行的独立、负责地开展舆论监督和新闻批评的权利。

第四，秘匿权。也称"取材秘密权"或"消息来源保密权"。它是新闻传播者、新闻机构享有对消息提供者的有关情况进行保密的权利。行使秘匿权具体包括保护消息提供者，不对任何人泄露其姓名、职务、所属机构等情况，以免消息提供者受到打击、迫害及其他报复；保护消息提供者也是保证传播媒介拥有必要充足的信息来源。当然，秘匿权的不当使用也有可能为新闻传播者制造假新闻提供保护伞。

第五，人身安全权。是指新闻传播者无论是作为自然人还是职业的新闻信息传播者所应该享有的生命、健康、行动自由、住宅、人格、名誉等安全保障，以及不受他人侵犯的权利。

（二）新闻传播者的专业理念

在新闻事业产生与发展过程中，新闻传播者扮演了极其重要的社会角色，承担着光荣而艰巨的历史使命和社会责任，并在其具体的社会实践活动过程中形成了具有一定特殊性的意识活动规律。与此同时，新闻传播者还应具有一定的专业理念。

对于新闻专业理念，有学者将其称为新闻专业主义，在其形成过程中有着不同的话语建构。最具代表性的是 J. 赫伯特·阿尔休特的观点，他将新闻专业主义归纳为四条信念：

第一，新闻媒介摆脱外界干涉；

第二，新闻媒介为实现公众知晓权服务；

第三，新闻媒介探求真理并反映真理；

第四，新闻媒介客观公正地报道事实。

可以看出，阿尔休特从新闻传播业的崇高理想出发，具体地规划出新闻传播者专业理念的现实路径：客观地报道事实与反映真理，其目的是满足广大公众的知晓权，但必须剔除新闻业为公众服务时有可能出现的各种滞碍性因素。阿尔休特同时还自信地认为，这四条信念是美国、西欧和其他实行市场经济工业国家解释新闻媒介问题的根本法宝。

美国记者赫尔顿从一个记者的视角归纳新闻专业理念为：提供真诚、真实和准确的新闻报道；必须公正、公平给予争论各方同等机会等。

有关于新闻传播者专业理念的话语表达多种多样，但核心理念不外是：新闻媒介为社会公器，须为公众服务；新闻传播者应承担起必须承担的社会责任。所以，对于新闻专业理念的理解，似乎可以简化为"器"与"用"的问题，二者的综合即化成为新闻的客观性，新闻传播者的专业理念扩而大之，可以引申为新闻事业的专业理念，即任何新闻事业的组织与机构及其从业人员必须服务大众，在其新闻传播实践活动中切实遵循真实、全面、客观、公正的原则。

新闻专业理念看似简单明了，但要真正地践行它，并不容易。赫伯特·甘斯认为，新闻媒介是有权力的新闻来源与消费者的"拔河游戏"争夺的对象；美国著名学者爱德华·S. 赫尔曼和诺姆·乔姆斯基曾说，社会中的富有阶层和权力阶层才是真正支配新闻运作的人。研究市场新闻业的约翰·H. 麦克马那斯认为，真正的市场新闻业是在新闻部门的组织文化中进行。在新闻生产的三个主要步骤——发掘新闻、选择新闻和报道新闻中，新闻生产者的行动总是受到其他人的掣肘。在其关键性的交易伙伴——消费者、广告商、新闻来源和投资者之中，最后一个才是真正的老板。

当然，击碎新闻专业理念梦想的不只是市场环境下媒介运行的商业逻辑，对新闻专业理念的收编还有来自政治方向的力量。这股力量往往以国家利益为借口由各级政府施压，使新闻媒体偏离其专业理念。但无论如何，新闻的专业理念以各种方式或外显或内化地予以呈现，新闻专业理念也常常在新闻传播者的意识活动中规律性地呈现。

（三）新闻传播者意识活动规律

新闻传播活动是一种精神性的生产活动。新闻的意识形态性决定了作为新闻生产主体的新闻传播者的意识活动的本质特性，即传播者的全部意识活动在于通过报道新闻事实以及对新闻事实的评价，最终服务于一定的社会政治和经济基础。故而在探讨其意识活动规律时，既要考虑新闻传播者意识活动的自身规律，又要考虑它同政治与社会生活的关系。

**1. 新闻传播者的意识活动具有自觉性**

在有阶级、集团、党派存在的社会中，任何个体总是以不同的方式隶属于它。马克思在《关于费尔巴哈的提纲》一书中揭示人的本质时，曾深刻地指出："人的本质并不是单个人所固有的抽象物。在其现实性上，它是一切社会关系的总和。"马克思正是从社会的角度揭示了一个不可违逆的真理，即任何个体是不可能摆脱一定的社会关系的。所以，一切精神生产者以个体即单个的人存在于社会上，但其意识活动是不可能离开一定的社会关系的。只要阶级、集团、党派还存在，阶级、集团、党派的意志就掌控着、指使着、影响着隶属于他的个体，使其必须按照阶级、集团、党派的意志与利益的要求进行思想与行动。

西方资本主义国家新闻界言必称新闻自由，而无产阶级及其政党则总是公开而明确地对其精神产品的生产者提出具体的阶级性的要求。如列宁针对"党的出版物原则"即党的新闻事业的党性原则作了这样的规定："党的出版物的这个原则是什么呢？它不只是说，对于社会主义无产阶级，写作事业不能是个人或集团赚钱的工具，而且根本不能是与无产阶级党的事业无关的个人事业。……写作事业应当成为整个无产阶级事业的一部分，成为由整个工人阶级的整个觉悟的先锋队所开出的一部巨大社会主义机器的'齿轮和螺丝钉'。写作事业应当成为社会民主党有组织、有计划的统一的党的工作的一个组成部分。"[①]

另一方面，任何社会关系都是由个体组成的，任何集团、党派也不能离开一个个鲜活独立的个体。新闻传播者正是以独立的个体生存于一定的社会集团、一定的党派之中，抹杀这种个体的独立性，是不合理的。个体意识，也是个体实践的精神内化，它既有自己独立的存在方式，也有其独特的表现方式。新闻传播者作为新闻主体，它总是通过自己特殊的思维方式，捕获社会生活中千变万化的事实，并融入自己对这一个个变化的事实的认识与评价，从而不断地报道新闻事实。因而，新闻传播者的一切意识活动对象、活动的独特方式及其成果，并不能简单地化约为一个抽象概念或一种固定的模式。

这二者并不对立，并且在实践中常常能实现其完美的统一。也就是说，通过新闻传播实践活动，新闻传播者已将阶级、集团、党派意识等内化为个体的内在要求，同时，又以新闻传播者个体的形式而存在。

### 2. 新闻传播者的意识活动具有主体实践性

新闻传播者生活在现实的社会生活和公众之中，其主体意识在现实社会的物质世界和精神世界中形成与发展。新闻传播者的意识活动同现实生活高度融合，同广大公众的心声一脉相通。因此，新闻传播实践活动既能如实地反映客观的社会存在，也能真诚地表达民众的心声。

---

① 列宁. 列宁全集（第12卷）[C]. 北京：人民出版社，1987：93.

新闻传播者所从事的创造活动是精神性生产活动,其意识活动具有特殊性,即不断地报道人们未知而欲知的新闻事实。这样的实践活动既能如实记录社会生活中正在发生的各种各样的变化,又能预示潜在的变化。但是,新闻传播者并不是什么先知,其意识活动也毫无神秘可言。因为他植根于现实的社会生活、劳动大众之中,既是社会关系中的个体,又是社会实践的主体,所以,新闻传播者所报道的事实和所反映的现实生活,并不是在客观世界之外,而是深深地嵌入现实的客观世界之中。新闻传播者主体意识的形成必须依赖于现实事实,依赖于客观的社会实践,而不是依赖于某种主观意识。因此,社会实践才是新闻传播者主体意识的基础。由此可见,新闻传播者的意识活动应该而且只能同生活水乳交融。脱离了客观存在的现实生活,也就无所谓意识活动。

与此同时,对任何个体来说,其社会实践活动的方式都有直接和间接两种实践方式,从而决定了社会实践并不是某个个体的个人行为,而是劳动者集体的伟大创造。正是由于这种创造,才使人们在其具体的社会实践活动中获得双向进展:其一,为改造客观世界,使客观世界活动中的各种规律为人们所认识、所掌握;其二,为改造主观世界,在掌握客观世界运行规律的过程中,形成改造者主体正确的观念与思想。

从本质上看,在此所言的劳动大众的心声,也就是人们在改造客观世界与改造主观世界所获得的双向进展过程中体现出来的认识与评价、愿望与心声。由此,新闻传播者一方面同一切劳动大众的心声是一脉相通的;另一方面,他应该而且也能够成为人民群众心声的表达者。人民的心声应内化为传播者个体的自觉要求,并以个体的独特的形式将其表现出来。

由此可以看出,新闻传播者的实践活动,必须依赖于客观的社会生活,依赖于千百万劳动者的伟大实践。新闻传播者主体意识活动能动性的发挥,应该而且能够更自觉地反映人民群众的愿望和要求,真实地报道群众关注的新近发生、发现的新闻事实。如实地再现现实的社会生活,真实地报道群众的愿望、要求,这正是一切优秀新闻工作者的新闻报道既能准确记录社会生活、又能引起社会公众深度关切与共鸣的内在原因所在。

### 3. 新闻传播者的意识活动是积极的生活反映

新闻传播者总是以积极的态度去反映客观对象和新闻事实,不仅反映其态度与思考,而且反映其情感与愿望,然后显示为客观的物质符号及其符号体系。因此,新闻传播者意识活动所呈现的对象,绝不是简单的干枯的事实罗列,应是饱含着激情的现实的、生动的生活再现。

新闻传播者所传播的新闻事实是对现实社会生活事实的一种反映。从形式看，反映新闻传播者的感觉和思维，既反映客观对象本身的特征与规律对传播主体所产生的作用，与此同时，也反映传播者的情感和愿望，反映传播主体与客观对象的关系。换言之，新闻传播者在报道新闻事实和反映客观现实生活时，不仅反映事实本身的属性、特征及其规律，而且饱含着传播主体自身的需要与目的，即同时反映着自身与事实之间互相作用的关系。因此，新闻传播者以积极的态度反映客观社会的生活与报道事实，绝不会只是将事实予以简单罗列，而应该是饱含着激情的事实，是生机勃勃的现实生活的再现。

　　可见，新闻传播者的意识活动自始至终充满生活的激情，以一种高昂的、积极的态度报道事实、评价事实以反映现实生活。无论以一种什么样的信息化手段，诸如文字、声音、图像，他都能表达出生活本身所具有的那种事实的鲜活性与生活的现实性。

### （四）新闻传播者的职业道德

　　在整个社会有机运行的各系统中，新闻事业的特殊性与重要性是显而易见的。对新闻传播者的职业道德提出严格要求并做出具体规定，既是新闻业发展的现实要求，也是对其自身发展过程中所遇到的各种问题的一种迫切回应。《联合国国际新闻道德规则》以及世界上其他国家的新闻职业道德标准，对新闻职业道德的要求，基本上从职业理念、职业态度、职业纪律、职业责任四个方面予以规定：新闻传播者的职业理念涉及新闻信息传播主体的社会实践活动的宗旨，即为什么、为谁从事新闻工作。《联合国国际新闻道德规则》中提出为公众利益服务的理念，《中国新闻工作者的职业道德准则》要求新闻工作者要全心全意为人民服务，并且将为人民服务视为社会主义道德建设的核心，是社会主义道德的集中体现，也是中国新闻工作的根本宗旨。

　　新闻传播者的职业态度，是其工作宗旨能否得以践行的方向性导引。新闻从业者必须具有严肃、严谨、认真、踏实的工作态度。《国际新闻道德信条》指出，新闻工作者尽可能查证所有的消息内容，不应该任意曲解事实，并杜绝各种包括中伤、污蔑、诽谤、抄袭、剽窃等职业罪恶。

　　新闻传播者的职业纪律是对新闻工作宗旨落实的切实保障。在新闻传播实践活动中，对新闻传播者的纪律要求贯穿其工作过程的始终。在新闻信息挖掘阶段，信息获取手段合理，方式正当；在新闻信息加工阶段，态度端正，方法科学；在新闻信息复制传播阶段，渠道合理，方式公开。在整个新闻传播活动进程中，不受特殊利益或利益集团的诱惑与压迫。

　　新闻传播者的职业责任是新闻传播事业及其宗旨在实践领域所体现的精神高度，是新闻传播者个体及其组织的职业理念、职业态度与职业纪律内化后的综合体现。作为社会发展使命担当者的新闻传播者个体或组织机构，应该自觉地、竭尽一切努力将新闻事业作为自己为之勤勉奋斗的光荣使命，而不是将其降格为维持自己生存并提供物质保障的职业性行为。所以，新闻工作者的职业责任无疑具有相当的崇高性与神圣性。

## 二、媒介

### （一）理解新闻传播媒介

在新闻传播的过程中，传播者的目的就是把新闻传递给受众。如果没有新闻媒介，这个传播的通道将被阻塞，传播者所采集、过滤、制作的新闻也就无法到达受众那里。因此，新闻媒介是传播者将新闻传递给受众的"桥梁"，是新闻传播活动赖以实现的中介。

#### 1. 新闻传播媒介是新闻传播活动赖以实现的中介

在新闻传播过程中，作为"中介"的新闻媒介的重要作用主要表现在：

（1）把潜在形式的新闻变成现实形式的新闻

新闻传播者面对现实生活中千变万化、每时每刻都发生着变动的事实，根据新闻事实的客观性并依照自己主观的目的、意志、要求，进行选择、过滤、加工与传播。但是，新闻事实在新闻传播媒介的复制与传播之前，受众是无从知晓的。所以，新闻只具有潜在意义，它以新闻事实以及加工后的某种形式存在。我们只能把传播者采集、制作而未经新闻媒介复制与传播的新闻称为"潜在形式"的新闻，即新闻事实的"加工物"；把经过新闻媒介复制与传播之后的新闻称为"现实形式"的新闻，即新闻事实的"加工物"作为"潜在形式"的新闻与新闻是同质的。因此，新闻媒介的作用并不是制作新闻，它只是复制、传播新闻，而不能对新闻做任何性质的改变。

（2）把新闻传递给受众

新闻传播媒介是传播者和受众之间的"桥梁"，是新闻传播活动赖以实现的中介。它将传播者和受众连接起来，共同参与到新闻传播活动中来，并为传播者实现传播新闻的目的。从这个意义上讲，没有新闻媒介就没有新闻的传播过程。

#### 2. 新闻传播媒介是中介工具

就本质而言，新闻传播媒介是工具。当新闻传播媒介作为一种物质性载体的时候，它本身既无意识也无意识行为，它的存在完全以传播者的传播行为为前提。在新闻传播过程中，它同传播者相互依存并充当其复制、传播新闻的工具，它既为传播者所掌握又受传播者所指令。因此，新闻传播媒介始终是为人服务的，并始终是被传播者所操控的，它所表现出来的力量就是复制传播者事先规定的内容所带来的。如果传播者不输入新闻媒介的任何内容，报刊就只是白纸，广播只是无意义的声波的重复，电视没有图像，互联互通的网络只是空无一物的技术平台。

由此可见，新闻传播媒介在进入新闻传播过程后，不可能离开一定的传播内容。在新闻传播的过程中，新闻媒介实际上是物质性载体与一定传播内容的统一。如果我们把物质性载体看作是新闻媒介的形式，把传播内容看作是新闻媒介的内容的话，在新闻媒介中内容就转化成了形式，形式就转化成了内容，这种内容形式化、形式内容化的过程，不仅使新闻媒介获得了现实的活力与生命，而且也使机械的、物质的媒介获得一定的传播内容。

这使我们认识到：对新闻媒介既不能只看到内容而看不到形式，也不能只看到形式而看不到内容。如果只看到一面必然会导致对新闻媒介认识的片面性与绝对化。同时，在新闻传播媒介这个统一体中，内容决定形式，即一定的传播内容决定了新闻媒介的性质与倾向；但是，形式也并不是无为的，它反作用于内容，这种反作用集中表现为，它以特有的性质和手段强化内容，增强新闻传播的传播范围与传播深度。比如，当一种新闻媒介出现的时候，首先这种新闻媒介以自己特有的属性和手段去强化内容，增强内容的渗透力与穿透力，从而表现出比原有的新闻媒介大得多的影响力量。

### 3. 新闻传播媒介的特点

由于构成媒介的物质材料及技术手段的不同，不同的新闻媒介自然呈现不同的形态，体现不同的特点。

一般来说，新闻媒介有如下四个特点：

（1）物质性

物质性是新闻媒介的基本特性，而它具有的意识形态性内容是传者赋予它的第二特性。各种新闻媒介不同的特点很大程度上与媒介的物质材料和机械技术直接相关。新闻媒介物质属性的不同，决定了它不同的存在方式，并构成其不同的传播方式。纸张、油墨的物质载体及印刷技术手段的使用，使报刊采用文字、图片为信息编码，呈周期性的传播样态；声波及电子装置的使用使广播能实现信息的远距离传播且不受交通、气候等限定性条件的影响；通过屏幕呈现文字、声音、图像，使电视成为融声、画、字为一体的综合性传播媒介，并且传播幅员辽阔。

新闻媒介发展史已经证明，当一种新的物质材料和机械技术构成新的媒介的时候，这种新闻媒介可以使其传播内容完全呈现出新的面貌。这是由于新闻媒介所依赖的物质材料不同，才给传播内容带来全新的表现形式。因此，了解、掌握、驾驭媒介的物质材料的属性与技术手段，对于新闻传播者来说，是至关重要的。传播者对新闻媒介物质材料利用和驾驭的能力，直接关系着传播内容水平的高低。法国传播思想家雷吉斯·德布雷在《普通媒介学教程》一书中认为：纸作为载体的大量运用使人跳出了动物性的桎梏，将思想生产从活人复制的短周期中解放出来，这种起飞更将社会历史从动物般的停滞状态中分离出来，依次出现一种诱人的关于历史的思想。

（2）公开性

新闻媒介直接面对广大受众，公开性是很重要的特点。新闻媒介只要进入新闻传播流程，无论何时、何地、何人，都可以接受其所传播的信息。由于新闻媒介具有公开性的特点，所以它追求最为广阔的空间或地域覆盖性。新闻媒介在传播空间的赢取方面有强大的渗透力和穿透力，能够最直接、广泛地影响受众并在任何时候、任何情况下，都袒露在社会和受众面前接受其检验。

（3）普遍性

新闻媒介的普遍性特点同它的公开性特点是相联系的。所谓普遍性，包含着相互联系的两个方面要义：一是指新闻媒介可以直接作用于任何人；二是指它可以适应各种不同层次的人的需要。因此，它具有最大的接受广泛性，无论是在时间范围还是空间范围，都为人们接触它提供了最大可能性。新闻媒介之所以有"席卷"社会的魔力，主要是由于它既有公开性又有普遍性的特点。

（4）变异性

新闻媒介的变异性特点同新闻媒介的物质材料和机械技术手段相关。换言之，媒介的物质材料和技术手段的变化决定了新闻媒介的变异，主要表现在：

其一，是自我完善式的变异。这是指一种新闻媒介自身的物质材料和机械技术手段的变化与更新，所导致的新闻传播手段的变化。

其二，是推陈出新式的变异。主要表现在物质生产和科学技术水平发生变化后所产生的与以往新闻媒介完全不同的新的媒介。

新闻媒介变异性的特点直接同一个社会的物质生产水平相联系。如印刷媒介，从最初的雕版印刷到泥活字，再到铅字，然后用激光排版，印刷媒介告别铅与火，走进光和电，变化的是媒介的物质材料与技术手段，不变的是其媒介形态与传播方式。这其中所呈现出的变异的特点是自我完善和自我发展式的。

20世纪90年代，互联网的兴起，不仅使媒介家族系统之中又添新媒体成员，而且也宣告了网络信息时代的到来。这些完全不同于以往的新闻媒介以其特有的媒介变化方式，构建了全新的新闻传播体系与传播方式。

（二）关于媒介的分类

在自然界和人类社会中，媒介无处不在，媒介功能无物不有。关于媒介的分类，以往的传播学家提出过许多归类方法，这些具体的分类方法都是基于一定的分类标准：或着眼于媒介的物质材料、技术构成；或着眼于媒介的传播手段；或着眼于媒介使用者及其感官系统；或着眼于传播者的目的和文化层次；或着眼于媒介所载信息的清晰和明确度等。

由于媒介分类标准和角度的多元化，媒介类型也就多样化。如按照媒介的物质手段，可分为口头媒介、印刷媒介、电子媒介；按媒介的对象可分为个人媒介和大众媒介；按传播目的和文化层次可分为高雅媒介和通俗媒介、严肃媒介和大众化媒介、公共性媒介和营利性媒介；按媒介作用于人的感官可分听觉媒介、视觉媒介和视听复合型媒介；按媒介所载信息的清晰和明确度，可把媒介分类为热媒介和冷媒介；等等。

作为大众传播媒介之一的新闻传播媒介自然就是指插入新闻传播过程之中的中介物，即新闻信息的物质载体。就近现代以来的新闻媒介而言，已经归类为传统的新闻媒介，主要有报纸、新闻性杂志、广播、电视、通讯社及新闻电影等。到了20世纪末21世纪初，又出现了网络媒体、融合媒体等。

### 1. 报纸与新闻性杂志

现代报纸是以刊载新闻和新闻评论为主，面向广大读者并连续印刷、发行的媒介。在一般情况下，它以散页形式和较大裁张以"日""周"为发行周期快速及时地印刷发行。新闻性杂志有定期或不定期之分，有固定名称，版式基本相同，装订成册，按顺序编号出版，以时事性内容为主。报纸与期刊作为现代新闻传播事业中共同的以文字作为传播符号的印刷媒介，虽有不少相同的功能，但也有诸多不同之处，如出版周期、提供新闻的内容与数量、所承担的传播任务，以及发挥不同的职能等均有区别。

### 2. 广播和电视

广播和电视都是电子时代的新闻媒介，是20世纪科技革命的产物，广播是通过无线电波或导线以传送声音为主的新闻媒介，电视是运用电子技术传送声音、文字、图像的新闻媒介。与传统印刷媒体相比较，广播电视具有传播地域与对象广泛、传播迅速、感染力强、功能多样等许多优点，但也有顺时连续播出、转瞬即逝、不易贮存保留等不足之处。

### 3. 网络媒体

以信息高速公路和网络媒介为主体的"第四媒体"迅速发展，已成不争的事实。网络媒体具有海量信息、传播便捷、成本低廉、交互性强、个性化、兼容性强等许多优点。而且网络媒介的服务功能——电子邮件、远程登录、文件传送、网络浏览和网络新闻等给人们提供了极大的方便。目前，基于互联网技术发展的第二代媒介——新新媒介也在信息传播的舞台上发挥重要的作用。

（三）新闻媒介的组织与机构

在一般意义上，所谓机构是指机关、团体或其他工作单位及其内部结构。所谓组织是按照一定的宗旨和系统建立起来的、有一定系统性和完整性的、由个体联合而成的集体。

对于媒介机构而言，一般要具备这样一些特点：

第一，有稳定的信息来源和相对稳定的传播对象。即媒介有稳定的信息产品以便源源不断地供给传播对象，并在彼此之间形成一定的互动关系。

第二，传播运作有相当的控制性和一定的自主性，即在新闻信息传播活动中，媒介他律和自律都比较活跃。

第三，在社会结构中，媒介个体以独立的形式存在和运作。[①]

如果将这些能够自由运作并具有相同介质、结构、功能与宗旨的媒介联合起来，使之形成一个系统或一个团体，即为媒介组织，如报业集团、广电集团等。随着不同介质的媒介机构的融合，只要具有共同宗旨的媒介机构，均可结成媒介组织，如传媒集团等。

在现代社会，新闻传播事业包括它所构成的强大的各类媒体组织，或多种媒体混合组织，以及新闻教育、新闻研究等组织。同时，各组织又包括其所构成的成千上万的媒介机构，如各种报纸、期刊、广播、电视、通讯社、网络、新闻院校、新闻研究所等，共同形成一个庞大复杂、有机运行的新闻传播网络，最终形成以传播新闻信息、引导舆论、传承文化、服务社会的多功能一体化的新闻事业和文化企业，并成为社会主流意识形态的承载体和社会上层建筑中不可或缺的结构性组成部分。

---

① 童兵. 理论新闻传播学导论 [M]. 北京：中国人民大学出版社，2002：117-118.

（四）媒介生态系统中媒介机构的运行

## 1. 媒介生态系统

当今社会，新闻传播实践活动日渐成为促进社会发展的重要力量，传播学亦将媒介放置在社会人文的大环境中予以探讨。马歇尔·麦克卢汉最早提出传播生态问题；尼尔·波兹曼将媒介作为环境来研究；刘易斯·芒福德在《历史上的城市》一书中提出信息传播构成一个不可见的城市；大卫·阿什德也指出，"在最宽泛的意义上，传播生态指的是信息技术的结构、组织和接近性，及各种论坛、媒介和信息渠道"。

正如生物学使用"生态"这一概念直接概括生物与生物之间、生物与环境之间的关系一样，媒介生态是审视媒介发展环境的一种视角，其核心观念就是引入"环境"与"生态圈"的概念，将关于媒介组织与机构的研究植入一个更为宏大的且无处不在的"环境"之中。

简而言之，媒介生态系统的基本构成要素是媒介系统、社会系统和人群，以及这三者之间的相互关系和相互作用。媒介与个体人之间的互动构成了受众生态环境；媒介系统与社会系统之间的互动关系构成了媒介制度与政策环境；媒介与媒介之间的相互协同与竞争构成了媒介的行业生态环境；媒介与经济系统之间的互动关系则构成了媒介的商业资源环境等。可见，媒介生态系统是由媒介机构及其生存环境共同组成的动态的、平衡的系统。

媒介生态系统是不断变化的。从媒介发展演进史中可以看出，媒介发展与社会环境的变化相跟相随。在口头传播时代，人类社会处于部落化阶段；当媒介发展到能贮存信息并使信息传播不再受到时空限制的图画传播或手抄新闻乃至印刷新闻的时代，人类社会也就脱离了部落化；当网络媒体将世界融汇为一体、地球成"村"之际，人类社会重新步入"部落化"。同时，媒介文化与社会系统也互动共生，以口语文字为主要传播手段的前现代社会，社会文化的主要形态是逻各斯域；以印刷媒介为传播载体的现代社会，社会文化的主要形态是书写域；以视听为传播方式的后现代社会，社会文化则以图像域为存在方式。媒介系统的变化会导致社会系统的一系列变化，反之亦然。

媒介生态系统是整体的。在信息时代，媒介与社会之间的互动更加频繁，媒介系统与其他社会系统之间形成了复杂的、有机的联系，即新闻传播媒介作为社会当中具有自身特点和结构的子系统，与政治、经济、文化、教育等社会系统之间相互作用、彼此互动并形成相互联系、相互依存的整体性生态系统。

媒介生态系统是多种多样的。就媒介系统本身而言，其"种群"众多并形成了丰富多样的种内关系与种外关系。[①] 以传统纸媒为例，早报、晚报、日报、周报等，虽按信息传播的时间与周期分类，但属同类媒介，由于同种个体分享共同资源，所形成的关系为种内关系。但在媒介发展过程中，传统纸媒遭遇网络媒体，二者属异种异类，所形成的关系为种外关系。在整个媒介生态系统中，不同种类的媒介往往为占据较多的生存和发展资源而展开"媒介大战"，优胜劣汰之后形成生态系统的相对平衡。

## 2. 媒介生态中媒介机构的运行

完整的媒介生态系统应当包括两个方面的因素：一是媒介因素，主要包括不同种类的媒介，如报刊、广播、电视、网络等；二是环境因素，主要包括对媒介的生存与发展起决定性作用的政治、经济、文化、教育、自然资源、科学技术等因素。具体而言，在整个媒介生态系统中，媒介机构的运行受以下三种因素的影响最大：

（1）媒介制度和政策环境

媒介制度是一个国家、社会以及政党对新闻传播事业的根本性规定，主要是对媒介所有制形式、基本性质、管理范式的规定；传播政策则是指一个国家或政党对其管理的媒介所颁布的新闻法规或一定时期某些规定的总和，包括新闻传播所应遵循的政治方向、传媒报道行为规范，以及一定的工作管理要求等。

（2）经济环境与生产力水平

媒介机构的运转通常会受此时此地经济环境和生产力水平的制约。经济活动能刺激信息需求、带动教育普及、鼓励媒体投资和扩大再生产，更为重要的是，较高的生产力水平能够为媒介运营提供日益先进的技术和物质保证。

（3）科学技术环境

文字的出现是人类社会进入文明社会的标志之一，同时，对于文字复制的愿望也使得印刷术应运而生。印刷术的发明通常被视为信息传播史上的一座里程碑，它造就了信息传播向社会下层广泛转移的契机，使其成为一种规模人群可以共同接触的传媒，并为启动公共教育提供了充分条件。时至 19、20 世纪，从电报、电话、电影，到广播、电视、卫星通信、计算机网络，电子媒介尤其是网络媒体改变了原有的社会结构，构成了最为广泛的公共领域，更提供了前所未有的信息共享与主体互动。科技进步给媒介机构的更新与革命带来无限可能并使新的媒介不断出现、旧的媒介不断整合其原有功能，可以说，

---

① 刘建明 . 新闻学前沿：新闻学关注的几个焦点 [M]. 北京：清华大学出版社，2005：306.

没有科技创新，就没有媒介创新。

### 3. 市场经济环境下媒介机构的运行

在文明社会，市场经济和媒介运作均已进入有条不紊的自动调节、合理控制的轨道，各种媒介的数量比例、运行模式、功能结构、资源配置和能量交换等，都处于相对稳定的状态，媒介发展潜能与环境阻力恰到好处地被置于动态的平衡之中，任何媒介的违规操作或不法行为，都会引发指责或促使其管理机构启动制裁程序。同时，任何合乎规律的需求和行为都会受到市场的鼓励和回馈。市场的自由与管理的宽松，使媒介生态系统的自控、自净能力和社会自动调节装置的监督作用得到充分发挥，并从结果上有效保持了媒介生态的平衡和稳定。

在管理范式上，重视"法律制度"管理和"经济手段"调控，而非单一的"行政组织"管理，是市场经济环境下媒介运行的特征之二。

以传媒市场化程度较高的国家来看，媒介控制与管理更多依靠法律和经济手段进行，把新闻传播产业看作并非特殊的商业行为，解除垄断、促进竞争、鼓励融合。同时，国家可以利用传播资源开发多种服务功能，并且还能关注它的舆论导向。

加强社会管理和社会评价机制，是市场经济环境下媒介运行的特征之三。

社会管理主要是指新闻传播媒介的行业组织和社会公众对传媒的制约。这种社会管理和评价需要借助专门的行业组织和专业人士，还需要有规范可行的操作机制等，其中最重要的环节是建立行业组织和评价机制。现代科学把社会组织分为政府组织、营利组织和非营利组织，它们分别是政治领域、经济领域和社会领域的主要组织形式。在市场经济环境中，国家对传媒机构的管理越来越多地倚重于社会自身的管理和评判，以便建立完整的和负责任的监督机制，促进传媒更好地发展。

## 三、受众

### （一）受众及其特征

受众是一定社会环境的产物，更是对于特定形式媒介供应物的一种反应。受众通常是与媒介同时存在的，当一种媒介开始对某一社会范围的成员或者一个特定地区的居民进行传播时，受众便开始存在。受众亦可以通过彼此不同但又相互重叠的方式来进行定义，诸如以"地方""时间""人群""特定的媒介""渠道形式""信息内容"等方式。麦奎尔的上述说法，足以使人们认识到受众的复杂性。化繁为简，所谓受众是对大众传播信息接受者的总称，也称受传人、阅听者。在新闻信息传播活动中，受众泛指纸质媒介的读者、视听媒体的观众与听众、网络媒体的信息接受者等。

### 1. 受众的形成

受众形成的历史表明，当今大众媒介的早期受众起源于公共剧院、歌舞表演以及早期的竞赛和大规模表演活动，受众被视为"特定地点的实体人群"，并已于两千年前以关注世俗性的公共事件为内容，以群体的形式而存在了。

现代大众媒介的受众虽也具备上述某些类似的特征，但受众的形态已经有了很大的扩展。在媒介技术所带来的新兴信息传播主流模式的社会创新中，受众是指以某种特定的方式接受新闻信息，并对此做出某种反应的个人或社会群体。

因此，在现代大众传播的语境之下，新闻受众的形成至少要具备两个条件：即对新闻信息的接受以及某种程度的接受反应。因为新闻信息经传播，其目的是赢得最广泛的受众，只有这个目的达到了，新闻传播才会产生最基本的作用并实现其社会价值。反之，无受众的新闻，新闻信息传播就没有对象，导致新闻信息只能停留在"复制"层面，同时，如果受众接受新闻并无任何反应，就无法确定新闻信息对公众是否产生了影响，也就没有任何证据认为这些公众是受众。因此，受众必须和反馈行为联系在一起。严格意义上说，新闻信息的接受与反馈行为的主体即为接受主体，接受主体作为与传播主体相对应的另一主体性存在参与整个新闻信息传播过程。值得注意的是，接受主体的反馈行为是复杂的，既可以是直接的，也可以是间接的，反馈可大可小、可多可少。

追而溯之，早期大众传播媒介组织与机构对于受众的分析与研究，来自广告商及其组织对报纸发行量的调查。那时报纸的读者就是潜在的消费者，而广告的价格是由报纸的发行量决定的。特别是美国的广告商为了防止虚报报纸的发行数量，于1914年联合组织了"报纸发行数字稽核局"，通过各种途径调查报纸的发行量。之后，大众传播媒介机构和传播研究者开始有目的、有步骤地研究受众，以确认某种媒介在何种环境下使用不同的传播手段所能产生的实际效应。

到了20世纪50年代左右，随着传播研究进入一个较高的发展阶段受众的角色与地位问题也进入了研究者的视野。研究者越来越意识到，受众作为传播活动的起点与最终归宿，既具有自身规律，也对传播内容、传播手段与传播效果起着决定性作用。因此，了解受众与研究受众，便成为所有媒介从业人员必须强化的意识与共识。

在大众传播媒介迅速发展的今天，面对信息的大量复制与输送，受众却很少对传播活动做出明显反应，特别是对于传统媒介信息传播的反应，更少。原因在于大众传播不是面对面的交流，它具有反馈的不易性。这导致大众传播媒体在对广大受众进行传播时只能采用逐渐摸索情况的方法，一边传播，一边试验效果、测验反应。也可以说，虽然当代大众传媒不断走向发达，但是信息的反馈则更多呈现出间接性与潜隐性的状态。

### 2. 受众的特征

一般而言，大众传播媒介的受众具有以下几个特征：

第一，受众数量众多。新闻传播者无法同受众面对面地"分别"交流，即使传播者力图以某一特殊类别的受众作为传播对象，这些受众的绝对数量也是极大的。

第二，受众是"自由"的，其新闻信息接受行为具有随机性。传播者对于这些"自由"的受众没有任何约束力和强制力，受众进入或退出传播活动都是完全自由的和随机的。虽然受众有自身较为固定的接受习惯，也会受到社会团体或其他团体的制约，但其自由性在一般情况下不受传播者的控制。

第三，受众是"匿名氏"。传播者可以从年龄、性别、政治信仰、受教育程度、经济收入、职业范围等方面了解自己特定的受众群，但不知道自己媒体的受众具体是哪一个人。

第四，受众分为不同的层次和类别。在同一层次或同一类别中，受众之间具有某种相近或相似的生活经验、情趣、爱好和信息接受习惯。

第五，在时间或者空间上，受众与传播者是分离的。这也是大众传播与人际传播最突出的区别之一。

### 3. 受众研究的理论观点

"受众"一直是颇具争议的研究范畴，虽然受众研究有不同的目的，彼此之间的差异现象频现，但所有的研究共同目标是"建构""定位"或"分辨"此种无组织的、流变中的，或者是人们并不熟悉的社会群体。因此，对受众的研究也就出现许多差异极大的结论。

（1）个人差异论

该理论认为人的性格和态度不同，决定他们的倾向和行为也会不同。这一理论的基础是"条件论"和"个人动机论"。美国传播学家梅尔文·德弗勒将个人差异概括为以下几项：个人的心理结构不同；先天禀赋与后天习得不同；学习中所形成的态度、价值观与信仰不同；学习社会理论所形成的观点不同。所以，个体是有差异的存在。

受众的"个人差异论"使人们认识到：受众不像一群绵羊一样任人驱赶；受众有鲜明的个性，他们对事、物有自己的观点；他们会对不同的传播内容有不同的反应。

"个人差异论"是使"魔弹论"趋于破产的重要理论。"魔弹论"理论来源于心理学家巴甫洛夫的"条件反射"理论和弗洛伊德的心理分析理论。第一次世界大战后，受众曾被认为是一种静止的靶子，如果传播者的信息能击中"靶子"，就能影响受众。受众总是被动的并毫无反击意识与能力，他们受强大的传播媒体的力量摆布和控制。于是，传播媒介被认为威力无边。对此，施拉姆说，他在别的地方曾将这一观点称作传播的枪弹理论。传播者被认为是魔弹，它可以毫无阻拦地传播观念、知识和欲望……传播似乎可以将某种东西注入受传者的脑子里，就像电流使电灯发亮一样直截了当。他同时认为"枪弹论"观点不是一流学者的发明，它虽然广为流传，但从未得到第一流学者的拥护，而只是一种记者的发明。可以看出，"枪弹论"是传播学者对一种不分时间和地点、不讲环境条件，将传播数量与传播效果绝对化和神化的观点的一种比喻性概括。

（2）社会类别论

人们可以按年龄、性别、种族、信仰、收入、教育、职业、居住地等，划分不同的社会类别。同一社会类别的人，大体上选择同类的传播工具，接触较为一致的内容，并且做出相近似的反应。

（3）社会关系论

受众的社会关系是在职业行会、教育组织、政治组织、娱乐等组织中所形成的某种关系。这种社会关系对受众的信息反应也会产生潜在的影响。

（4）文化规范论

此种理论认为传媒媒介及其传播的内容可以使受众产生新的观念，改变其固有的态度和行为，于是，传播媒介就成为社会控制的一种，即成为一种文化规范。人们在观察认识与理解事物时，会受到传播工具所控制的文化规范的影响。

文化规范论与"议程设置"理论，以及麦克卢汉的"多种平衡"理论相联系。这种理论认为：传播媒介的效果和作用在于引起人们的注意力。大众传播只要对一些问题予以重视，集中报道并忽视或掩盖对其他问题的报道，就能够影响公众的舆论，成功地将大众的注意力集中到传媒所希望集中的领域或问题之上。人们倾向于关注和思考大众传播媒介关注和报道的那些问题，按照大众传播给各个问题确定的重要性次序分配自己的注意力。大众传播通过调动受众的注意或安排问题的轻重次序，间接地达到影响舆论、左右人们的观点和思想的目的。对此，丹尼斯·麦奎尔做出精辟的评论。他认为，早期的研究几乎对有关于大众媒介效果的概念都予以怀疑和否定。"议题设置"则对传播的效果持肯定的态度，因为它不涉及态度的改变，也不涉及意见的改变，而主要涉及的是注意与学习的问题。

如果将以上关于受众的四种理论予以概括，可以有如下表述：人们都是传播媒介的广大受众中的一员，每个受众对传播内容的反应各不相同；但同时，具有共同经验和相同社会关系的受众似乎有相似的反应；更重要的一点在于，人们作为受众，必然受到整个传播经验的影响。

（二）受众在新闻传播过程中的地位

新闻传播是一个复杂、有序的运动过程，受众是新闻传播者传播新闻信息的直接对象。传播者与受众，在整个传播过程中构成一对矛盾关系，二者之间既互为前提，又相互作用。正是这对矛盾，决定了受众在整个新闻传播过程中的地位。

### 1. 受众的受动性与能动性

受众是新闻传播活动的生产者与消费者。在新闻传播活动中，传播者有一个非常直接的目的就是把新闻信息传给受众，即真实地、客观地向受众报道新近发生或发现的具有广泛认识价值的新闻事实，报告社会生活的变动情况。从传播者的角度说，受众是新闻的接受对象，处于受动的地位。即受众不仅仅是接受传播者传给他的关于新闻事实的描述，还要自觉不自觉地接受传播者对这一事实的认识和评价，或者说，接受传播者内化于新闻事实之中的思想、价值倾向，甚至情感。另一方面，受众作为消费者扮演媒介产品享用者的角色，并用自身的消费行为创造出所有媒介拥有者所看重的价值——注意力；而媒介产品即大众媒介生产的信息、形象、思想、娱乐等，只不过是吸引受众来到作为生产现场的媒介前面，在享受所谓的"免费午餐"的同时，奉献出自己最重要的价值即注意力。从这个角度上讲，媒介最重要的产品其实是受众。媒介拥有者根据受众的质量，依据其年龄、性别、文化程度、收入、购买力的强弱等人口指标，将受众"打包"销售与广告商，向广告客户收取费用。因此，媒介企业想做的其实就是将受众的注意力抓住，以便出售。

因此，从新闻传播的活动流程来看，新闻信息从传播者到新闻媒介再到受众，受众处于受动的地位，具有受动性的特征。他不仅要接受传播者传给他的新闻事实，有时还要接受传播者传达的思想与倾向的影响。但是，受众处于受动的地位，并不意味着他处于被动地位。任何新闻事实经过传播以后成为新闻，而一旦成为新闻就是一种独立的存在物，它不再以传播者的意志为转移，传播者也无法再改变它。当新闻以独立的内容与形式成为受众接受的对象时，受众则会用各自独特的方式选择性地理解，评价与接受它。

在接受新闻的环节或过程中，受众处于主动地位，具有能动性的特征。其能动性主要表现在：

第一，化潜在意义的新闻为现实意义的新闻。新闻传播者所提供的由新闻要素或新闻事项所构成的新闻，在没有被受众接受以前，处于一种潜在的形式。换言之，在新闻传播过程中，传播者所发掘出的新闻作品的价值，在没有受众接受之前只能具有潜在的意义，只是一种"可能性"的存在。因为，新闻事实经过媒介复制传播后也只是新闻事实的一种记载，只有当它被受众接受以后，新闻价值的"可能性"才能转化为现实性。或者说，新闻事实及其作品价值的潜在形式，只有当受众接受以后，才能变成受众接受的现实形式。

第二，化潜在形式的思想与倾向为现实形式的思想与倾向。新闻事实中所包含着的传播者的思想与倾向，在没有被受众接受以前，是一种潜在的自在的形式，只有当受众经过自己的再认识、再理解以及再评价以后，这种潜在的形式才成为受众接受的现实的形式。

由此可见，受众在新闻传播过程中的地位具有双重性：作为新闻输出的接受对象，它处于被动地位，具有受动性；当新闻作为受众认识与评价的对象时，受众又具有能动性，并以自己独特的二重接受方式，化潜在的新闻事实及其所包含的思想和倾向为现实的新闻以及思想和倾向。这应是对受众在新闻传播过程中所处地位的全面认识。

## 2. 受众与新闻的关系

在新闻传播过程中，传播者将事实变为新闻事实并经过媒介的传播成为新闻，这一过程中受众对新闻而言，具有双重性：其一，受众是新闻的输出对象；其二，新闻又是受众的接受对象。

在考察受众同新闻的关系时，首先必须肯定的是，受众作为新闻的输出对象，即受众的任何认识、评价必须依赖于事实，依赖于新闻所提供的事实。如果说新闻的事实与意义完全取决于受众的感觉、解释和评价，那么就永远没有新闻的真假与是非之辩了。所以，从本质上来说，受众的认识与评价有赖于新闻。另一方面，新闻最终要被受众所接受，如果没有任何受众接受，新闻就没有意义。因此，从这个意义上讲，没有受众就没有新闻，没有受众接受的新闻只能是一种潜在的存在形式。受众的能动性恰恰就表现在将这种潜在的新闻存在形式通过接受变为现实的存在形式。

由此可见，从整个新闻传播过程来说，新闻的独立性是相对的：在本质上，它是独立的且不以受众的意志为转移，受众的接受对新闻有依存性；在过程上，新闻的存在以受众作为前提，没有受众就没有新闻，受众的接受使新闻具有存在的意义。

（三）受众接受的心理过程

受众在新闻传播过程中不仅仅是一个重要的环节，更是新闻直接的、现实的肯定形式：新闻为受众的接受提供了对象，受众的接受则是对新闻存在意义的肯定。传播者传播任何一则新闻，无论是其中提供的新近发生或发现的事实，还是包含在这一事实中的思想、倾向、意义，均必须为受众所接受。受众接受新闻时的心理过程，对理解受众本身以及衡量新闻传播效果，均有重要的意义。

### 1. 受众接触大众传媒的动机

在通常情况下，人们接触大众传播媒介是由于他们预期媒介可以帮助他们满足某些实际的需要。作为个体的人接触媒介是有某种动机的，他使用媒介所提供的内容与形式的结合物来满足自己的需求。在这种情况下，媒介才是受众的接触"对象"。有研究人员将受众接触媒介所获的"报酬"分为两类：一是接触媒介时其直接需求得到满足的"即时报酬"；二是期待着为其生存、进步与发展等目标的实现起某种作用的"延迟报酬"。在这种情况下，动机是行为发生的直接动因，动机可以是有意识的，也可以是无意识的。

受众的动机在受众需要的基础上产生，它是引起和维持受众个体接受新闻信息并使这一活动趋向某一目标新闻的内部心理过程或内部动力。新闻受众的需要是受众个体的一种内部状态，通常是以期望、意向等形式表现出来的，它是隐藏于主体内心的一种心理活动，这种心理表现不能完全体现在受众的行为上。

不可否认，许多受众在接受新闻时不一定有什么特定的目的和具体的目标，随意接触并使用媒介的大有人在。所以，根据受众的需要与动机的目标之间的关系，新闻报道只有不断捕捉受众具体想获知的需求的时候，才可以紧紧抓住受众的"注意力"。

受众的需要大致可分以下三类：其一，为满足精神上的需要，如寻找乐趣、打发时间、了解国内外发生的新闻事件等；其二，是为了满足生活上的需要，如寻找解决困难的办法、寻求购物的参考资料、增加与人谈话的谈资、间接与社会接触等；其三，是为了满足知识上的需要，如增加新知见闻、满足好奇心、了解别人对事物的看法，等等。

### 2. 受众接受的心理过程

受众的接受是一种特殊的积极的综合性的心理活动，它表现为由接受对象引起的一系列复杂的心理活动过程。从表面上看，这一过程是短暂的，甚至连自己都意识不到。受众接受一则新闻时会立即做出以下判断，何时、何地发生何事。其实在这短暂的瞬间，受众的心理活动过程是十分复杂的，它涉及视觉、听觉、表象、记忆、联想、想象、情感、思维等若干种心理和认知因素的相互作用，并处于十分复杂活跃的运动状态，以形成积极的综合的心理反应。同时，受众接受的心理活动，既不同于科学的理性认识，又不同于艺术的审美感受，它有自己的特色。在受众接受心理过程存在的诸种心理因素中，感知、情感、理解的积极、综合运用是构成受众接受心理过程的基础。

（1）感知

受众的感知，包括感觉和知觉两种心理因素。所谓受众的感觉，指的是受众对新闻个别属性的反应，它是受众接受新闻的起点。当人们接触到某则新闻时，首先是通过感觉获得了直观材料，尽管这些个别材料之间联系并不密切，它却是人们理解这则新闻所提供的新闻事实的基础，离开这些个别材料而理解新闻，是难以想象的。人们的感觉主要靠感觉器官，而受众接受新闻的感觉主要靠视、听器官，从而获得新闻事实中那些个别的重要的材料的印象。而受众的知觉，就是在感觉的基础上，对新闻个别的、重要的材料进行综合的、整体的反映。一般来说，知觉与感觉区别在于：知觉不只是反映事物的个别属性与特征，而是把感觉的材料整合为完整的映象，即形成表象。因此，受众接受新闻的知觉不再是一般地获得新闻事实中的那些个别、零碎、重要的材料，而是把这些个别的重要的材料联合起来，形成有关新闻事实的完整映象。

受众的感知具有选择性特点。受众的感知不仅能形成对新闻事实的整体映象，而且还能把握住这一新闻事实中的那些突出的细节，进而更好地把握这一新闻事实。选择能力的强弱，反映了受众接受新闻能力的水平的高低，凡是接受能力强的受众，通过感知不仅仅把握新闻事实是何时、何地、何人、何事，事实的来龙去脉、发展、变化，而且还记住事实的细节。由此，一个优秀的传播者，在报道新闻时，不满足于只把事实交代清楚，而精心地筛选、过滤，写出事实、人物的真实细节来再现新闻事实的发生现场，其原因也在这里。

受众的感知还具有情感性特点。受众的感知，在形成对新闻事实完整映象的同时，情感也参与其中。这种情感因素，不仅仅使受众在感知新闻事实和形成新闻事实的表象，而且同表象一起储存在记忆中。人们的感知是在一定社会条件作用和影响下逐渐形成的，任何一次感知都有已往的感知经验作为基础。当人们感知事物时，很自然就会利用以往的感知经验来补充，与以往的经验形成了暂时联系，在接受当下的感官刺激时就有了情绪色彩。

（2）情感

受众的感知居于受众新闻接受心理过程的起点。受众接受一则新闻，不仅仅是获得对这一新闻事实的整体印象，还要进一步理解这一新闻事实，即受众不仅仅要知道什么事，还希望知道为什么。从心理活动过程来看，情感是受众感知、理解的中介。因此，情感也是受众接受心理过程中十分重要的心理因素。

一般来说，受众在接受新闻时，情感这种心理因素是十分活跃的，总是参与感知并互相作用，成为感知的动力，使受众在接受新闻时保持一种情绪色彩。情感的这种作用，大致可分为以下两种情况：当受众感受到新闻事实是新鲜、奇特的时候，情感便会增加受众的注意力，强化感知，形成强烈的印象；当新闻事实同受众比较接近时，情感会帮助受众联想，激起一定的情趣反应，增强选择性。当然，由于情感因素具有主观色彩，因此，不同的受众接受新闻时，情感色彩是不同的。

由此可见，对于传播者来说，报道新闻不仅仅要注意自己的情感态度必须是正确的、健康的，而且还应该注意新闻事实的新鲜、及时、容易引人兴味。

（3）理解

所谓理解，就是受众在感知表象及感性认识基础上，对新闻事实的种理解把握。理解在受众接受新闻的心理活动中的重要作用表现在：它要引导感知、情感的趋向，透过新闻事实的直观形式本身获得对这一新闻事实所包含的思想内容，甚至倾向的把握和认识。从心理学的角度来看，受众在感知新闻事实时，是第一符号系统在发挥作用，使受众获得关于新闻事实的表象。与此同时，作为第二符号系统，语言也在起着调节、引导的作用。于是，受众就有了关于这一新闻事实的表象。没有语言的参加，表象是无法形成的。而语言和语言材料都具有一定的概括性，这就很自然地使受众在对新闻事实的表象的把握中带有理性成分，使受众能在接受新闻事实的同时，理解也包含其中。

受众接受新闻时，心理活动是活跃的、复杂的，它总是从感知新闻事实开始，情感因素参与其中并起推动作用，使其能完好地理解新闻，进而使受众完全把握新闻并认识到其中包含的意义。

（四）新闻受众的心理特点

作为新闻受众，其心理特点一般表现为：

第一，随意性。受众对于媒体种类和媒体内容的选择上有较大的随意性。这主要由新闻信息的特点所决定，新闻信息与强制性的信息不同，其主要功能是向受众传递社会上新近发生或发现的事实，在信息的接受上不带有任何的强制性。所以，受众不必精神紧张地、一定要带有什么主观目的地去接受新闻信息。选择何种媒介及其信息、接受多少，主动权完全掌握在受众手里。

第二，交融性。受众在接受新闻信息的同时，常常会受到其同时所处的感性世界和媒介世界的双重影响。感性世界即人们通过感官直接接触到的外部的、客观的物质世界。媒介世界即通过媒介对感性世界模拟或抽象之后所形成的精神性的拷贝世界。在感性世界与媒介世界的交互作用下，形成受众的心理世界。

第三，互动性。是指在新闻活动中，传播者与受众以及受众和受众之间，通过新闻媒介或人际交往所表现出来的心理上的相互影响和相互作用。新闻传播者与受众之间借助新闻媒体间接进行着相互作用与相互影响，其中，受众对于传播者往往借助于反馈机制或间接或直接地施以一定的影响。除此之外，新闻在人际扩散中受众与受众之间在心理上也具有相互影响和相互作用。

在具体的新闻接受过程中，受众的心理往往会呈现出一定的共同特征：

第一，认同。认同指在新闻接受过程中，受众倾向于选择接受与自己具有接近性的新闻。如受众易于接受与其利益、生活环境、职业、兴趣爱好、知识水平相接近的新闻，并表现出一定程度上的集体选择的倾向。这种心理认同的深刻根源在于受众的"知觉定式"。

一般而言，受众的"知觉定式"同自幼的生活与知识经验是直接相关的。人们在长期的社会实践过程中，相对稳定的生活环境和工作内容、知识、兴趣、爱好的积淀、利益的需求等种种经验，就为人们"知觉定式"的形成做了充分的准备，凡与自己经验比较接近的事物就容易表现出积极能动的选择趋势。这种选择趋势导致受众对与自己接近的新闻产生集中注意，使其处于一种认同的心理状态。同时，受众的经验积累越丰厚，"知觉定式"就越显著，认同心理状态就越活跃，接受倾向也就越集中。这也是新闻传播者在新闻传播过程中注意新闻的接近性的原因所在。因此，要得到比较好的传播效果，传播者必须注意、了解自己受众群的"知觉定式"。

第二，求新。受众在接受过程中，总是要求获得"新"的信息。从本质上讲，求新是受众不断追求心理需要满足的一种表现。受众之所以喜欢从各类媒体上获取新闻，其中一个重要的原因就是想知道社会生活中新近发生的新闻事实，以便适时地进行自我调节，求得自我适应于社会。这种动机与状态在心理学中称为"事实性动机"。在通常情况下，如果人们处于安全确定的情境，即无新奇、无风险、无挑战的环境中，是极少能够引起兴趣的，处于"体内平衡"的状态，而"事实性动机"可以使人们形成情绪的"体内失衡的状态"，并转化为人们求新的心理动力。在新闻传播过程中，求新使受众接受新闻时始终保持一种活跃的精神状态，同时，也成为新闻传播活动生存、发展的现实的强大动力。

第三，共振。共振指的是受众在接受新闻过程中，对某些新闻容易产生情绪上的共鸣。新闻传播过程中出现的所谓"轰动效应"，就是这种共振情绪的具体表现。在新闻传播中，共振所表现出的心理特征是一种"共同注意"的集体指向，是一种情绪的共鸣与集中发散，是受众的情绪的凝结和宣泄。

新闻传播所触及的"热点"即受众共同关切的问题，新闻传播决不能忽视报道社会生活中的各种"热点"，只有这样，才能收到良好的传播效果。但是，这种共振可以指向积极的目标，也可以指向消极的目标。因此，如何掌握"热点"问题报道的时机、分寸、内容的选择、形式的运用，都是新闻媒体必须予以认真考虑与处理的问题。

从受众对新闻的接受而言，认同是基础，认同中包含着求新心理的内在要求；求新心理则是一种新的认同的表现，一旦认同，求新心理专注到某些问题上，就会出现接受过程中的共振现象。这种情绪共振又以认同和求新心理满足为前提条件。因此，在新闻传播过程中，对于传者来说，最重要的应该及时地传播与受众接近并为人关注的新鲜事实，这才可能形成比较稳定的受众群，并使其保持接受心理的活跃状态，从而达到最佳的传播效果。

（五）受众的社会控制

受众对新闻传播的社会控制主要以"前馈"和"反馈"的形式进行。所谓"前馈"就是受众在信息传递前对传播组织提出的要求。所谓"反馈"就是受众对信息传播的反应，以及传播组织依此相应地进行调节。反馈和前馈的形式主要是受众通过来信、来电、来访，直接表达受众对大众传媒的各种意见和批评，以及受众通过报纸订阅率、广播收听率、电视收视率、网络媒体的点击率等显示自己对传播的意见。另外，传播组织也通过其他形式，如对受众进行调查、开座谈会等收集受众的意见。具体而言，有以下三种反馈类型：

第一，典型性反馈。受众为数众多，传播者采用科学的方法选择其中具有代表性的反馈信息作为全体受众的反应，这种具有代表性、典型性的并经过科学方法处理的反馈称典型反馈。一些受众的来信或其他形式的反应，经过调查、统计、信息处理具有一定的代表性，因而会受到传播者的注意，并根据反馈的信息采取相应的措施。

第二，累积性反馈。传播者往往将一段时期以来各种渠道的反馈积累起来，经过研究后再做出反应，特别是公众对于传播内容的意见和要求，延迟性的累积反馈更为常见。

第三，量化性反馈。在大众传播中，大部分反馈信息都是以定量化的形式收集和测定的。定量化形式包括电影的票房收入、广播电视节目的收听、收视率、唱片及书籍的销售量等。大众传播的反馈需要由具有相应规模的专门机构来收集、分析和研究。著名的电视收视率调查机构有"尼尔森公司""普尔斯公司""央视索福瑞""零点调查公司"等。这种反馈形式也称为间接性反馈，对于反馈信息的获得，除了受众主动采取的来信、来电、来访等方式外，一般还采用个人访谈法、电话访问、日志法，以及机械装置法等。

### （六）新闻媒介的受众定位

新闻媒介的受众定位具体指新闻媒介明确自身目标受众人群，并以该人群的信息需求为标准进行信息传播的理念和行为。

明确媒介自身核心的信息接受人群，是在"受众本位"观念的前提下展开的，更是在对受众的地位与力量有了进一步认识的基础上展开的。加拿大传播政治经济学家达拉斯·斯密思提出了著名的"受众商品论"，认为大众传媒生产的产品不是所要的传播内容而是"受众注意力"，受众即是商品。法国的鲍德里亚在《消费社会》一书中也认为，大众传媒将终结陈旧的精英式传媒形式，并将符号和消费引入真正的大众自身地位界定之中。在消费社会中，对大众传媒来说，受众就是"消费者"。英国伯明翰学派在对电视的研究中提出了"积极受众论"，认为受众具有积极主动性。现如今，全媒体式的新闻传播模到传媒"拟态环境"的建构中。在这一过程当中，受众从大众传媒时代的被动"接受者"，变为全媒体时代的"主宰者"，实现了整体转型，大众传媒的受众观也随之改变，视受众为积极的"人"，而非消极的"物"。由此，对于新闻媒介组织机构而言，明确什么样的受众是自己新闻内容的接受者、消费者与互动者，对新闻媒介信息传播的效果而言，是至关重要的。

#### 1. 新闻媒介受众定位

媒介受众定位因标准的不同，呈现出的类型亦各异。按照受众接触的媒介类别，可以划分为报纸读者、广播听众、电视观众、网络受众等；以接触媒介的频率而言，可以分为稳定受众和不稳定受众，其中，稳定受众是各个媒体的重点争取对象；从受众对信息需求的指向性的清晰程度，以及接触新闻媒介的确定性而言，可将受众分为现实受众和潜在受众；按照新闻媒介明确的传播对象，可以分为核心受众和边缘受众。

#### 2. 新闻媒介受众定位的考量因素

新闻媒介的受众定位就是解决向"谁"传播的问题，即确定媒介整体及其所设具体栏目明确的传播对象，具体包括一家媒体的整体受众定位和各个版面、频道、栏目的特定受众定位两个方面内容。作为媒介经营策划的两大支点，媒介的功能定位主要着眼于媒介性质，而新闻媒介的受众定位是传播活动的起点和归宿，受众定位最终决定着媒介传播的成败得失。

新闻媒介的受众定位最关键的步骤，就是在正确定位的原则指导下，确定核心受众群，具体实施过程应考虑受众的区域要素职业和身份要素、年龄要素、文化程度要素等方面。

# 第三节 新闻传播的过程与效果分析

## 一、新闻传播的过程

### （一）基本过程和操作过程

新闻传播的基本过程与其他大众传播没有大的差别，也是通过七个环节：信息源（原始信息）→传送者（传者，包括新闻机构和人员）→传播内容（包括内容的形式问题）→传播渠道（包括媒介和传输系统）→受传者（包括直接和间接受众）→传播效果（包括显性的和隐性的）→信息反馈可影响传者。这些环节又有其自身的过程，如内容的形成过程，媒介的制作过程和受众的接受过程。

并非每次传播都有这样完整的过程。有的传者自己就是信息源，有的没产生传播效果，如报纸没人看，有的没得到反馈信息，这在新媒体诞生前是常态。但一个传播总有传者、内容、渠道和受者，这四个环节被称为传播的四大要素，也是传播研究的主要对象。

新闻传播的具体操作过程有策划、采访、写作或拍摄、编辑、时事评论（其中也会有新闻内容）等。

### （二）新闻传播过程所受的影响

传者不仅起传送的作用，还选择和加工制作传播内容。大众媒介的传者把信息编制成符号系列，如用一系列文字符号组成文章，一系列声像符号组成电视节目。他们有"把关人"的作用，同时又受到各种主客观因素的影响。

对新闻传播进行把关的还有传播机构的所有者、管理者。他们都对传者、内容和媒介会有很大的影响，可被视为间接的传者。

广义上说，传、受者也是信息传播渠道，狭义上说，传播渠道主要是物化的传播媒介，如通信工具、书报刊、广播电影电视等，也包括相应的发送、传输机构和设施。他们都会受到各种因素的影响，包括有意的和无意的干扰。

受者并不是完全被动地接受，而是有选择地注意、理解和记忆。传播出去的符号到达受者以后，有些被丢弃了，有些被解读出与传者的原意并不一致的含义，有些后来又被遗忘了。

没有被丢弃遗忘的部分会产生一定的效果。有的效果是即时的、明显的、直接表现出来的，有的是长期的、潜在的、间接表现出来的。有的效果是与传者的意愿一致，有的是与传者的意愿相反。这些效果的产生，很大程度上取决于受者的需求、愿望、能力等个性特征。

直接和间接的受者都会产生反馈信息，传送到传者，如读者给报社提建议或接受报社的读者调查。许多反馈是无意中产生的，如读者购买或不买某一报纸，使报社得到了读者需要与否的信息。反馈会影响传者的再传播，引起相应的调节，取得动态平衡，提高传播的效率。当然，反馈也会产生误导。

反馈是传播过程的最后部分，又是一个新的传播过程的开端——反馈本身也是一种传播，是由一个传播而引起的许多其他传播之一。反馈者也是传者。有些反馈又成为新的原始信息，进入新的传播过程。这时的传播过程就成了从反馈到反馈的过程。网络、手机等新媒体传播给反馈提供了很大的方便，越来越多的传播成为反馈之反馈。

传播学者还借用通信术语，把干扰传播过程的因素称为"噪声"。客观报道中如果掺入传者的观点和态度，就会成为"噪声"。因此消息的写作要把新闻与评论分开。

由于新闻传播会有较大的社会影响，还有舆论监督、议题设置、授予地位等功能，因而从信息源到信息反馈的整个过程和各个环节，都会受到许多人尤其是政治、经济权力人物和机构直接或间接的影响、干扰、控制。其中有的是必要、有益的，有的则起妨碍作用，甚至会产生严重后果。因此，对新闻传播过程和环节要有社会调控，以充分发挥新闻传播的积极作用，降低消极影响。

## 二、新闻传播的效果分析

传播效果就是传播引起的受传者心理、态度、思想、行为的变动，以及对他人（包括对传者）、政治、经济、社会、文化、组织、家庭等各方面的影响，包括巩固原状和促进变化。

传播效果是大多数传者的目的，又是了解受传者的重要途径，也是检验和改进传者、内容、媒介的重要依据。人们在接触媒介时想要得到的满足，也是对传播效果的预期。科学地认识传播效果，对传者和受者都是很有益的。

新闻传播对社会的各种积极作用和消极影响，都是其直接的和间接的效果，也是许多领域的人士和学科关注的。新闻与传播学科更要考察分析各种不同的传播效果，探究其产生过程和因素，以便更充分有效地控制和利用传播效果。

（一）效果的种类和强度

### 1. 种类

可从不同的角度对传播效果进行分类。

第一，按效果的性质，可分为好的和坏的、正面的和负面的、积极的和消极的。有的效果对某些人是好的，对另一些人是坏的，如宣传；在某时期、某种程度是利大于弊，在另一时期、另一种程度是弊大于利，如娱乐。从传者愿望、传播意图的角度来看，越是符合效果的就越是好的，越是相反的就越是不好的。

第二，按效果的作用，可分为微观的和宏观的，对个人的和对社会的。

对社会的效果表现为各种社会作用。对个人的效果中，有告知、劝服、娱乐作用；提高或降低素养和品位、增强或减弱意志和能力；有影响注意、认知和影响思想情感、态度行为的作用。

影响态度的效果中，有"强化"或"弱化"某种既有态度的效果；有"结晶"效果——使原来意向未明、态度未定者的态度明确起来；有"改变"效果——使受传者的态度发生逆转。

第三，按效果的产生，可分为有意、预期的和无意、非预期的效果，直接、迅速的和间接、潜移默化的效果。

无意的、非预期效果中，有许多是受众的选择性理解或传播的间接效果，出乎传者的意料，也有些是受众产生了逆反心理——对传播内容、方式和传者不满、怀疑、反感、抵触乃至否定、排斥，致使传播受阻，甚至产生负效应。如受众对那些不适当的广告插播和植入式广告，过量的、空虚的、不符合实际的宣传，产生厌烦、抵触、对抗心理。

间接效果往往比直接效果更广泛和深远，却更容易被忽略。例如，"知沟理论"所揭示的效果。该理论认为，经济、文化、社会地位高的人能比地位低的人更快、更多地获得有用信息，他们之间的知识差距就会扩大，由此又带来机会差距的扩大。同时他们经常使用的大众媒介不同，又会产生知识结构、思想观念等方面的差异。于是形成知识落差、沟壑和阶层分化、隔阂。

潜移默化的效果虽然产生较慢，但影响较深。

第四，按效果的表现，可分为明显的和隐性的，近期的和远期的，短期、暂时的和长期、持久的。还有许多特定的表现。

隐性的和远期的效果不易被察觉。例如，看电视剧过度会使人沉溺于虚拟世界，趋于消极被动地接受信息，降低行动能力，以至有损健康。特定的表现如设置议题、授予地位、沉默的螺旋、第三人效果等。

### 2. 强度

传播效果有强有弱，本无定数。但大众传播的效果究竟是强还是弱，如何强、如何弱，这对于如何利用和控制大众传播很重要。西方对此有过长期摸索，其认识发展可分为四个阶段（在时间上有交叉重叠）：

第一阶段，是 20 世纪 30—60 年代初的"有限效果论"，也被称为"弱效果论"时期，认为传播效果是通过个人、社会的多种因素而产生，传媒的作用是相当有限的，有些传播对态度和行为的改变毫无效果。

第二阶段，是 20 世纪 60—70 年代末的"适度效果论"时期。认为应综合考虑间接的、长期的、对社会的效果，而不能仅看直接的、短期的、对个人的效果；应重视认知的效果，而不能仅看态度和行为变化的效果。传播的效果有时是微弱或不明显的，有时是巨大的，有时介于两者之间。

第三阶段，是 20 世纪 70 年代以来的"强大效果论"时期。认为在各利大众传媒广泛、综合、累积的作用下，在各种其他条件的配合下，能有力地影响或塑造舆论，对社会产生很大的影响。这些其他条件包括顺应事物的发展规律和公众的需求，抓住恰当的时机，符合传播和接受规律。

第四阶段，是 20 世纪 70 年代以来的"谈判效果论"。认为一方面大众传媒按自己的意图、计划进行传播，另一方面受众按自己的需要和理解进行接收、反馈，双方以自己的地位和力量相互接应、影响、调整，产生效果的过程具有"谈判"的性质。[1]

总之，现在学术界已认识到，传播效果多种多样，影响效果的因素错综复杂。

---

① 戴元光，金冠军．传播学通论 [M]．上海：上海交通大学出版社，2000：361．

（二）效果的产生和因素

## 1. 产生

传播效果都是通过对个人的影响而产生的，有的是直接影响，有的是通过影响环境而影响个人。

（1）过程

新闻传播对人的影响是一个循环往复以至无穷的过程。从注意和认知，到思想和情感，再到态度和行为，直至对整个人的塑造，不断积累扩大和深化。不仅上述顺序的前者对后者有影响，后者对前者也会有影响，如人的情感、态度、价值观，都会影响对信息的注意、认知和观点的接受，影响选择性注意、理解和记忆。

（2）复杂因果

影响传播效果的因素有传出方的因素、接收方的因素和传播环境等其他因素。

一个传播可产生多种效果，如既有设置议题效果，又有认识改变效果，既有明显、近期的效果，又有潜在、远期的效果。多个传播也可产生同一种效果，形成综合、叠加效应，如在许多传播的共同作用下，改变某个人的思想观点。对人的长期、整体性的影响，原因更为多样而复杂。

（3）含义论和涵化论

大众传媒的意义建构论或含义论认为，在大多数情况下，人们以一套通用的符号及其运用规则，即编码和解码系统，来观察、体悟、理解和阐释世界，建构起关于现实世界的图景。大众传媒能确定、固化、加强、充实、延伸和改变符号的含义，进而影响意义的建构，影响人们对现实世界的认识，甚至影响人们认识世界的心理过程。但也有相反的情况，即传媒改变不了人们心目中的含义，反而被大多数人的认识所改变，媒介对符号含义的确定、延伸和替换，大多来自生活。

培养分析理论或涵化论，是从媒介反映现实时带有主观性这一观点出发，认为现实环境太庞大、太复杂、太短暂，人们对它们的认识，须借助大众传媒对它们的描述、解释。媒介不断地"涵化"客观现实，以其特殊的方式和标准"再现"（不同于模仿表现，而是在一定的理解下以新的方式展现）现实，解释、分析、评判现实，甚至把人们认识世界的心理过程也"涵化"了。这种"涵化"对人们的影响是长期的、反复的、潜移默化的，许多人并没有意识到，甚至许多传者也没有意识到。久而久之，媒介世界成了许多人的主观世界，媒介中的是非标准、价值观成了许多受众的是非标准和价值观。

## 2. 传出方的因素

### （1）传者（个人与机构）和媒介因素

传出方的立场观点会有意无意地影响传播效果，传者和媒介的知名度、美誉度也会在很大程度上影响受众的选择性注意、理解和记忆。美誉度主要由其可靠性和公信力决定，真实、准确是新闻媒介的生命，因此要有高度的职业道德和职业精神，令人相信其传播内容是全面、客观、公正、有价值的。此外，还要关切和服务受众，并尽可能提高权威性。

在传播内容供大于求的"买方市场"上，获取内容的时间、精力、经济成本和方便性等因素也会明显地影响人们的选择。

一般而言，媒介越少，单个媒介的影响就越大。然而人的注意力是有限的，每个人使用不同媒介概率并不很高，因此即使在已有很多媒介的今天，单个媒介仍有很大的影响力。

### （2）内容和形式因素

直接带来传播效果的传者和媒介吸引力、感染力、传播力、影响力，既与上述因素有关，更与媒介内容、形式和传播方式有关。

传播内容无疑是影响传播效果最直接的因素。即使是网络上的"自媒体"，只要内容真实、正确、价值高，也会获得广泛的接受。

内容要符合受众的需要和兴趣。受众使用大众媒介，是为了得到某种满足，不论是出于求知还是求解，求用还是求趣，不符合需要的自然就难以受到关注。即使旨在引导受众，也要尽可能与受众的需要和兴趣结合，让传播内容与受众的需要相一致，令受众感兴趣。

传播形式的因素也不可小觑。好的形式不仅可增强吸引力、感染力、影响力，还能带来许多新的需求，催生出许多新的内容。20 世纪 80 年代以来，出现了大特写、深度报道、体验式报道、现场测试式报道、现场直播报道等形式，使新闻传播更真、更细、更实、更深，更迅速及时、更鲜明生动和更丰富多彩。

许多形式和元素也可派上用场。如新颖、美观、简洁明了、生动活泼，以及其他各种影响读、听、看的形式和元素。这些方面的改进，可吸引受众，顺应受众求新求异、求趣求美的心理，增加被接受、被记住的机会。

（3）方式和技巧因素

传播方式上，加快速度、提高时效性，媒介专门化、提高针对性，都能取得更好的传播效果。

在以宣传为主而不是以告知为主的传播中，把握时机也对效果很重要，不合时宜会带来反效果。对有些事实性信息也须全面衡量，有的在发布前要做些铺垫，有的要到一定的时候才能发布。

对一个事物或人物有两种或更多的不同观点时，传媒只提供自己认同的一种观点，还是各种观点都提供，也会带来不同的效果。都提供可能会削弱对其中一种观点的宣传效果，对文化程度不高、判断能力不强的受众尤为如此。然而多提供或都提供可以让人们看得更全面，并对不正确的观点产生"免疫力"，还可提高媒介在受众心目中的可依赖感和公平公正感。在受众很快能从其他渠道得到反面观点时，多提供、都提供还能先发制人，掌握解释的主动权。

相似的选择题还有诉诸情感还是理智，把观点和结论直接明示还是曲折暗示、隐含于事实中，对文化程度高、自信心足、自尊心强的人而言，后者的效果往往会更好，还可将情感与理智相结合、明示与暗示相结合。

传播技巧广义包括信息采集、加工、制作、发送、接收等各种技巧，狭义的仅指怎么传的技巧，体现在传播形式的选择和方式的运用中，以及引起受者注意和利用受者心理中，如顺势而为和因势利导，先抑后扬和先扬后抑，先入为主和后发制人。此外，还有其他技巧，如对传播对象施以一定的心理压力，调动他们的紧张和恐惧感，以引起、加强他们的关注和印象，甚至使他们更容易接受传者的观点。这种压力要实在、适当、适度否则会有危言耸听之嫌，或令人心理不适、产生抵御情绪。显然，各种技巧都要因人因事、因时因地制宜。

## 3. 接收方的因素

同样的传播对不同的受传者有不同的效果，这就与接收方的因素有关，包括受者的个人因素、接收条件和方式、再传和反馈。

（1）个人因素

受传者对媒介中的内容进行选择性注意、理解、记忆，做出自我的解读、加工和再传，产生预期或非预期的效果。在这些过程中，受者的个人差异会有很大影响，包括：

第一，身份差异：性别、年龄、民族、职业等。

第二，文化差异：语言、知识、观念、受教育程度等。

第三，思想差异：信念、信仰、价值观等。

第四，心智差异：智力、情商、情感、情绪、心理等。

第五，能力差异：选择、理解、分析、记忆等。

第六，经济差异：收入、财产、消费习惯和能力等。

第七，其他差异：性格、形象和健康、需求、经验和媒介素养等。

正是由于这些差异，对同一信息有的人毫不理会，有的人很感兴趣；有的人这样理解，有的人那样理解；有的人看后即忘，有的人牢记在心。传播内容越是丰富复杂，个人差异的影响也越大。

良药苦口，忠言逆耳，人们在选择性注意、理解和记忆的过程中，往往留下肯定自己的看法，过滤掉否定自己的看法，包括对自己的已有观点和选择的肯定或否定。这会加强自己的偏见，传者和受者都要注意。

受者的差异还会通过传者而产生影响。传者会考虑到传播对象的差异，选择相应的内容、形式和传播方式。

（2）接收条件和方式

接收条件包括能不能接收到，接收质量如何，在哪里、有多少时间接收。在家里有充裕的时间细细品味一篇深度报道，与在图书馆里匆匆地浏览，效果会很不一样。

受者专注地接收与漫不经心地接收，效果大相径庭。在开车时听广播，也不可能与躺在床上听得一样完整明了、印象深刻。

和别人一起接收会相互影响，单独看球赛与很多人一起看产生的兴奋感大相径庭。和不同的人一起接收，又会有效果差异，其专注程度、相互影响都会很不一样。

（3）再传和反馈

受者的再传播可有效地扩散传播效果，其他传媒的再传播则覆盖面更大。但再传播时，主观作用会更大。再传者不仅按照自己的理解，还会按照再传时的具体需要、对象、环境等，做出加强、减弱、改变等调整，使效果加强。

受传者的反馈使传者可了解接收情况，了解受者的特点、需求等，从而做出相应的调整，进行重针对、更有效的传播。

### 4. 其他因素

（1）传播环境因素

传播环境有宏观环境和微观环境之分。前者包括政治气候、经济水平、文化传统、社会风尚等，它们对传播效果有间接但广泛的影响。后者有人际传播、群体传播、组织传播、其他媒介的传播，以及各种有意无意的干扰因素，如海关拦截、杂音干扰、信息拥堵、关键词屏蔽等，它们对传播效果有直接而具体的影响。

（2）数字化传播的因素

数字化传播使传媒可以对受众进行更小众化、个性化的传播，从而使传播更有效，受众更满足。数字化还大大方便了受众调查和传播效果测评，使媒体的定位更精准，受众的需求得到更多更好的反映和满足，由此又可大大提高传播效果。

数字化使受传者可以更自由、更主动地、从几乎无限的范围选择媒介和传播内容。人们从传媒获得的认知可以更真实、客观和全面。被人们主动选择的媒介和内容，包括广告，比被动接受的更符合受众的需要和兴趣，从而产生更好的传播效果。

（三）效果的考察和评估

传播效果的考察和评估可以为了解、改进传播提供依据，是传播研究的重要方法，可通过对传出方和接收方的调查、统计、测试、分析进行考察评估。

### 1. 主观方法和客观方法

主观方法是根据考察评估者的观察印象和推测，有速度快、成本低、适用面广的长处，可用于大多数随时随地的并不需要十分精确的考察评估。在许多情况下，无法做出准确的调查统计和测试，如缺乏足够的时间、经费和人员，只能靠主观考察评估。主观考察评估应尽可能客观化，如利用已有的数据。

客观考察评估是根据调查统计（包括大数据）和测试，比较可靠、准确和科学。然而，调查统计和测试的每个环节，从问题设计、对象选定到实施过程、数据分析，都是由人操作和参与的，难免带有主观性。例如，问题有诱导性，调查对象缺乏代表性，调查人员和被调查者粗心大意或弄虚作假，统计范围不全，分析考虑不周或逻辑不严。有的调查或测试结论明显有违常识，这时尤需多问几个为什么，是否调查对象选择不当？是不是没有考虑到不同表现的或潜移默化的影响？

### 2. 传出方和接收方因素的考察

（1）传出方因素的考察

这包括考察传者及其媒介的知名度、可信度、美誉度、受众满意度，吸引力、感染力、传播力、影响力，以及媒介到达率、媒介内容情况等。对传出方许多"评"都要通过对受众的"测"来获取，包括对上述几个"度"。

媒介到达率就是实际受众的数量占潜在受众总数的百分比,也意味着市场占有率,这些统计数字多少会有"水分"。

潜在的到达率即受众选择的或然率也很重要。这里的或然率就是受众选择的可能性,它与选择对象能提供的满足程度成正比,与人们获取它的代价成反比。或然率高者,是提供了比市场上一般水平效率更高、质量更好的传媒产品和服务,或者是人们能用比一般水平更低的代价,包括价格和麻烦程度,来获取这种产品和服务。

考察媒介内容可通过内容进行统计分析,一般步骤为:

第一,选取样本——随机抽取出足够数量的测评样本,如一定时期内九分之一的报纸。

第二,内容分类——按测评的目标,确定相应的分类标准,如含有某种倾向的文章,如暴力性的或色情性的词语。各个种类中还可分不同的级别,如重度、中度、轻度暴力性的词语。

第三,统计分析——一般进行绝对数、百分比、平均值的统计。对传出数量的分析,除了要看绝对数量,还要看与其他内容及与总数之比,各种形式之比,如同一种宣传内容的文章中,报道性的与评论性的文章之比。此外,还要看投入、消耗与产出之比。总之要把握一定的度。正面宣传的量也有峰值问题。没达到这个峰值时,效率还有提高的余地;而超过了这个峰值,效率就开始降低;降到一定的程度,投入就大于产出;过量的宣传还会使人倒胃口,产生逆反心理,此时投入越大,不仅效率越低,而且负面效应也越大。

除了看数量,更要看质量。因此在内容分类时就要按照一系列质量指标,分析时还要考虑各个指标的权重。

比如对新闻传媒的分析,可从以下五个方面进行:第一,新闻性。包括新闻报道的真实、全面、客观、公正、新鲜、及时、令人感兴趣的程度。第二,倾向性。从词语和全文中透露出来的肯定、否定或中性的倾向及其程度。第三,思想性。包括传播思想理论和方针政策,以及分析和解释、意见和建议、倾向和舆论引导等方面的正确和深刻程度。第四,公众性。包括服务公众,反映人民情况、意见和愿望的准确、全面、充分程度;舆论监督的重要、及时、有效程度。第五,传播艺术,包括媒介及其内容的吸引力、感染力、影响力。

(2)接收方因素的考察

第一,受众的构成。可从年龄、文化程度、经济收入等不同角度来统计分析受众的构成。

第二，受众的选择。包括对媒介及其内容的注意、理解和记忆的选择，如选什么和怎么选。

第三，受众的使用。包括使用的频率、时间长度（如平均每天花多少时间看电视，在某个台、某个频道或某个栏目上花多少时间）及其占闲暇时间的百分比，使用时的环境、注意力集中程度等。

### 3. 传播效果的直接考察

主要考察受传者的变化，包括对媒介及其内容的选择和使用的变化，他们的注意、认知、思想、情感、态度、行为等方面的强化、弱化和转变。

（1）主要指标

第一，认知度。信息到达受众时，首先产生注意和认知效果。对认知的程度可从两个层次来考察和测评：知晓度和理解度。知晓度包括知与不知的程度——知多少、知的深度、记忆的清楚和牢固程度。理解度包括理解的正确程度和透彻程度，即对信息符号的解码情况。

第二，接受度。接受度主要反映在认同度和追随度上。认同度包括非常认同、比较认同、没感觉、比较不认同、非常不认同。追随度指受众的思想或行为朝着传者期望的方向变化的程度，既反映了对传播内容的接受度，又是许多传播的最终目的。

与接受度关联的还有受众的满意度、忠诚度——始终选择某一媒介的坚定程度。

（2）测评方法

对于认知度、接受度、满意度、媒介的知名度和美誉度等的测评，一般采取断面调查的方式，即一次性地对受众进行传播效果"截面"或横向的调查；而对追随度、受众忠诚度的测评，一般使用追踪调查的方式，连续性地对受众进行时间纵向的调查。

控制实验也是测量传播效果的方法之一。控制可能会影响实验对象的各种因素，观察其中某一种或几种因素的变化会产生怎样的结果。

有许多传播效果是间接的、潜在的、长期的，因此还要进行跟踪调查。

# 第四节　新媒体时代新闻传播模式的创新

## 一、新媒体时代新闻传播模式的主要特点

### （一）具有时效性

随着新媒体的不断发展，新闻的时效性成为当今新闻传播的主要特征。在传统媒体时代，民众主要通过日报、报纸和电视等途径获取新闻信息，且民众在新闻信息出现的第二天才能获得前一天的新闻信息，这体现出传统媒体时代的新闻传播速度较慢，且新闻信息的时效性较低。但在新媒体时代，民众能够通过互联网终端设备获得最新的新闻动态，并且能够在新闻发生的第一时间全面了解新闻事件的真实发展情况。由此可见，新媒体既能缩短民众获取新闻事实的时间，又能增强新闻信息的时效性。

### （二）具有互动性

传统媒体时代，新闻信息的传播是单向的，民众只能观看，并不能对新闻事件进行评判和反馈，这导致民众对新闻传播的参与度不高。相反，新媒体时代的新闻信息传播是双向的，民众能够通过互联网了解最新的新闻信息，同时也能够对新闻事件进行评价和讨论。并且，这样的良性互动不仅能够促进编辑信息的工作人员与阅读信息的民众进行有效的互动和沟通，较大幅度地提高民众参与新闻信息传播的程度，还能够促进社会的发展和进步。另外，民众的反馈也能够提高新闻信息的影响力，使新媒体发挥更大的作用。

### （三）具有多样性

在新媒体时代，新闻信息传播的主体不再只有信息编辑者和作者，任何一个人都可以成为传播新闻信息的载体。这不仅在较大程度上解决了传统媒体的单一性问题，而且丰富了新闻信息的传播途径，推动了新闻媒体的大力发展。

### （四）具有风险性

随着互联网的普及，网络中的信息也更加复杂多样，部分地区的文化风俗和地域背景差异化促使网络信息更加多样化，同时，这也在一定程度上促进了新闻信息的传播和交流。但由于互联网新闻信息的覆盖范围较广，其中部分虚假新闻信息的传播会给不法分子带来可乘之机，而不法分子对其进行挖掘后会容易产生不良后果。因此，监管部门

要做好相关的风险监控工作，积极维护互联网的信息安全，为社会民众营造一个良好的网络环境。

## 二、新媒体时代新闻信息传播的创新模式

### （一）结合新媒体的力量

新媒体的不断发展，促使越来越多的新闻媒体与民众进行交流互动，且新闻媒体通过网络留言等形式与民众进行沟通交流时，也进一步增强了民众的话语权。为此，新闻信息采集的工作人员可结合新媒体的力量实时关注民众的动向，全面了解民众的新闻信息需求，在此基础上，工作人员也要酌情参考读者和听众的意见。另外，网络上的信息复杂多样，工作人员可借助新媒体将新闻信息与民众的实际生活进行有效结合，从而为民众提供更好的服务，促进新媒体得到广大人民群众的认可。

### （二）在新闻报道中融入自媒体

自媒体新闻信息的传播主体多样，且自媒体的新闻信息传播具有较强的互动性，既不受传统新闻传播模式的束缚，也能够利用移动终端设备随时随地进行信息的传播和发布，且其凭借传播速度快、范围广等优势，能够让受众在短时间内查看到这些信息。因此，新闻媒体想要在新时期获得更好的发展，就需要将自媒体与新闻报道有效结合，两者之间的有效结合不仅能够进一步拓宽新闻传播的渠道，还能够有效增强新闻传播的效果。与此同时，工作人员可以设置专门的自媒体新闻版块来提升新闻信息的传播效率。

### （三）增强新闻工作者的社会责任感

随着信息技术的不断发展，每个人都可以是新闻信息的编辑者和传播者，但非专业出身的新闻信息编辑者缺乏新闻专业性，有可能会给新闻信息的传播带来不利影响，在此基础上，专业的新闻工作人员应该增强自身的社会责任感，认识到非专业人员的不足之处，提高新闻工作者的专业水平和社会责任感。另外，普通公民在网上发布信息时难以引起较多关注，也难以有后续的相关报道，但新闻工作者发布的新闻信息容易引起社会的强烈关注，因此，新闻工作者要保证所采集的新闻信息具有隐秘性，同时也不能对采集的照片进行肆意宣传，避免因网友的肆意渲染引起不良舆论，降低新闻信息的真实性和权威性。除此之外，新闻工作者须深入探究新闻事件的潜在价值，从而提高新闻信息的价值含量，并在潜移默化中提高自身的专业能力，增强自身的社会责任感。

（四）增强新闻传播的意识

在新媒体时代背景下，传统的新闻传播模式难以满足人们对新闻信息的需求，因此传统新闻媒体不仅要创新自身的传播理念，还应当增强新闻传播的意识。具体来说，首先，工作人员应当全面了解受众的观看需求，进而结合受众的需求，转变自身的传播理念，提升新闻传播的效果。其次，工作人员应在提高自身敏锐度的基础上不断增强自身的新闻传播意识，以此为人们提供更加有深度、有价值的新闻信息。最后，在新媒体时代背景下，传统媒体可将先进技术与信息传播相结合来强化新闻传播意识，如在利用现代化技术丰富新闻内容的基础上，通过多种传播方式满足人们的多元化需求。

## 三、新媒体时代创新新闻传播模式的对策

（一）保证新闻的真实性

随着新媒体时代的到来，民众了解新闻信息的渠道变得越来越丰富、多元，新闻信息可通过多种形式展现在民众眼前。但部分媒体为增加关注度、博取民众眼球，过分渲染新闻的信息内容、改变新闻的内在本质，这种做法不仅会在一定程度上降低新闻信息的真实性，而且也难以满足社会民众的心理需求。同时，虚假信息的传播也会影响新闻媒体的公信力，不利于新闻媒体的长远健康发展，因此新闻媒体应保障新闻信息的真实性。首先，工作人员需要对新闻信息素材进行严格审查，以此确保信息素材真实无误。其次，工作人员应当加强对新闻报道流程的管理，使得整个流程更加高效和规范。再次，新闻媒体应当对自身的定位有明确的认知，不仅要了解自身的职责，而且也要加强对内部人员的管理，避免自身出现传播虚假新闻信息的行为。最后，相关部门也应加强监管力度，在对报道虚假新闻、盲目夸大新闻信息的媒体进行严惩的同时，要鼓励新闻媒体发布真实的、能够产生正向引导作用的新闻，从而促进新闻媒体健康发展。

（二）发挥新闻的引导价值

新闻报道具有一定的引导价值，但在多数情况下，其引导价值容易被忽略。为此，新闻媒体在增强新闻信息的准确性和时效性的同时，要深入挖掘新闻事件的价值，并形成正面的舆论导向，使社会民众更加直观地了解新闻事件的真相。另外，若新闻媒体不了解新闻事件的真正内涵，就难以准确地向受众传达信息、引导其形成正确的价值取向。新闻报道要想充分发挥自身的引导作用，就必须挖掘出整个新闻事件的真正价值，从而在保证新闻事件具体内容真实、合法的同时提高新闻信息的质量，实现新闻信息健康传播，避免出现不真实的新闻信息诱导社会民众。

（三）增加新闻传播的技术含量

目前，部分自媒体开始争先恐后地进行改革创新，且创新后的自媒体能够让社会民众在第一时间了解新闻事件的内容，从而缩小了新闻媒体与社会民众之间的距离。但在新媒体快速发展的时代，若要在满足社会民众需求的基础上实现新闻信息的快速传播，新闻媒体需要增加新闻传播的技术含量。信息的推拉技术，指的是以检索的方式，对信息进行推送和拉取，新闻媒体在添加推拉技术后可以促进新闻信息高效传播。信息过滤技术，不仅可以将过时的以及用户不感兴趣的新闻过滤掉，而且可以在各种社交平台中推送用户感兴趣的新闻，能够为用户提供更加优质的服务，更能满足用户的信息需求。

（四）多渠道进行新闻传播

首先，在新媒体时代，最受社会民众欢迎的新闻信息传播渠道是微信公众号，因此，新闻媒体可通过公众号实时推送大量的新闻信息，同时还可添加与新闻信息相关的音频和视频，打破传统信息获取渠道的限制。其次，工作人员可通过媒体平台实现新闻传播。工作人员将新闻信息发布在媒体平台后，受众能够清楚地了解到社会各界发生的大、小事，新闻信息的传播速度得到大幅度提升。最后，工作人员可充分利用移动电脑、智能手机等终端设备进行新闻传播，有效提升新闻传播的效率。

# 第五章　新媒体时代新闻播音的创新发展

## 第一节　新媒体时代新闻播音的特点

### 一、新闻播音形式的非正式化

新闻播音一般被认定为是政府的发音器。作为政府喉舌的新闻媒体，自然也就脱离不了"高高在上"，播音方式也是腔调十足。

但新媒体的出现改变了新闻播音的表现形式，新闻播音形式正逐渐丰富。近年来，不少电视台都采用"说"新闻的方式代替传统严肃的播报新闻。

近年来，还有不少电视台以类似于新闻脱口秀的节目形式对新闻进行播报。这种方式更加娱乐化地将新闻内容凭借主持人个人的能力与才华播报出来，形式更为新颖和娱乐。新媒体时代强调更多的是个人，个人对于新闻事件的看法，个人对风格内容的喜好。在传统媒体时代，新闻播报看不到主持人个人的风格，他是国家、政府的喉舌形象，一言一行都更显庄重、严肃。但在新形势下，这种单一的新闻播报格局势必会被不断涌现出来的新方式所打破。

### 二、新闻播音内容的丰富

新媒体时代下新闻播音的内容不再局限于国家、政府、新闻记者给予的信息，还有很大一部分来源于互联网，来自民间和个人。在三网融合的背景下，社会对信息传播速度和内容的要求都远远超过了以往，特别是在社会利益多元化、价值多元化的今天，人们对信息内容上的要求已经不是简单地仅满足于表面，人们对事实的渴望愈加强烈。因此，新闻播音从业人员的职业角色也日趋多重、复合化。中央提出的"走基层、转作风、改文风"活动对新闻播音员来说，就是很好的接地气的机会。"走基层"能够让播音员、主持人学会用平实的视角认识社会，增进对国情、民情的了解。有了这样的沉淀，坐上主播台，眼睛里的内容不一样了，表达的语态自然也就不一样了。新闻播音人员既要在形式上做到生动活泼，又要在内容上做到真实接地气，还要注意传播社会正能量。

新媒体时代在极大丰富了新闻播音内容的同时，又给其内容带来了很大的挑战。利益和价值观的多元化使人们的思想变得更为复杂，对于不同信息的需求也更加多样化。互联网时代，在加速传播信息的同时也在一定程度上放宽了信息的传播标准，信息的鱼龙混杂给受众的价值观带来了很大冲击，负面信息和虚假信息的肆意流通，也给新闻在内容上的筛选带来了极大困难。在某种程度上来说，新闻播音承担着一定的社会责任。我国正处于历史的转型期，改革进入攻坚阶段，特别是以互联网为标志的新媒体时代的到来，更是给传统的价值观念以强烈的冲击。处于海量信息的环境中，受众也希望权威媒体给予指引，对新闻信息进行过滤，而电视新闻播音主持的过程恰恰能够满足受众的信息需求。新闻播音相对来说，是一个相对独立的专业，新闻播音主持特色不足不仅会导致专业的边缘化，也将影响到电视新闻在全媒体时代的竞争力。新媒体在时效性、整合性、活动性方面迅速展现出特有的优势。具体表现在能够增强信息时效，增加多元视角，将相关信息发布到智能终端，方便用户随时查阅，并参与互动交流。因此，新闻播音要想在新媒体时代获得长远的发展，就一定要打破传统的媒体界限，通过更新节目理念，创新节目内容，并在播报内容上做好选择和提炼，去伪存真，去粗取精，为新闻播报提供新的内容和形式。

# 第二节　新媒体时代新闻播音表达创新

## 一、新媒体时代新闻播音表达的基本要求

时代的进步催生了媒体的发展，从报纸到广播，从广播到电视，从电视到网络，从网络到手机；每一次传播手段的变革都会带来社会的进步，带来新闻传播的革命。作为有声传播的新闻播音也同样会受到挑战，如何接受新媒体、研究新媒体、运用新媒体是新闻播音工作者的使命。

播报新闻是广播电视传媒中播音员、主持人最主要的工作内容之一。新闻节目则往往成为一个台收听和收视率最高的龙头节目，所以人们也经常拿新闻播音员的播报水平和主持形象作为评价一个台的重要标志。

对于广播电视媒体来说，新闻播报的质量直接影响着宣传效果，因此是否会播新闻、

能否播好新闻则是衡量一名播音员基本功是否扎实的试金石。所以，选拔播音员、主持人的专业考试，对新闻播报的考察则非常重视，已经成为必考内容。而随着新媒体传播手段的发展，广播电视新闻播音面临着新的发展。网络和手机的互动性是每个人都具备了当主播的条件，这样给新闻播音和主持带来了新的变革。

什么是新闻？新闻有什么特点？在讲新闻播音之前，我们对新闻必须有个初步的了解。我们要知道，新闻是对新近发生的有价值事实的报道。不难看出，新闻一般具有以下特点：新近、价值、事实。这就像我们备稿时找重音一样。

新闻播音的特点，就是播音员对新闻稿件从内容到形式上有深刻的理解和认识后，结合新闻稿件的特点，通过有声语言传达给受众而形成的共同点。

用事实说话，以新感人。这既是新闻播音的特点，也是对新闻播音的要求。

## 二、新媒体环境下新闻播音表达的典型问题

新闻播音不论什么表达样式，都要求播音员焕发出强烈的播讲愿望，做到吐字发声功底扎实，叙述清楚，节奏明快，传达新意；忌讳念字出声不动脑，追求所谓纯客观，语调平直；态度感情的把握应显现出正确的导向色彩。

（一）标准结构的新闻处理

新闻消息的结构形式包括导语、背景、主体、结尾四个部分。

（1）导语的处理：开门见山点透每一新闻事实的本质，播报新闻一定要"开好第一脚"，处理好导语句或导语段。

（2）新闻背景与导向：了解新闻背景，明确针对性，培养新闻敏感，提高自身的新闻素质。

（3）主体的内部层次及主次：叙事清楚是对新闻播报的最基本要求。事实的交代主要是在消息的主体部分完成的。

（4）客观报道显示出的态度：报道强调客观真实，是对新闻事实的尊重，是取得受众信任的基础。

（5）态度情感与控制：从宣传目的出发，恰当地控制情感，有分寸地把握文字和有声语言的表达。

（二）新闻播音的难点

（1）新闻中数字的处理：数字的绝对值是对事物本质的量化记录和反映。

（2）专业性、技术性强的稿件处理：首先做到"真正搞懂"，而后才是播清、播顺、播得在行，搞得有兴致。

（3）长句处理：对于长句子的处理，播音员应根据对内容的理解，找准停顿的位置，用有声语言将其语法关系准确化，将其内在逻辑联系明朗化，使得语句目的鲜明化。同时，将短句的语气放大，以适应长句的需要。

（4）快读处理：播报提速的"度"是受人的听觉反应、思维反应的客观极限制约的，在其允许范围内讲究快的技巧。

（5）一组新闻内部的配合：从内容出发，顾及稿件的内在联系，条序差异要向围绕的中心集中，在表达样式和声音的高低、语流的速度、音色的搭配等各个方面使形式协调统一、相辅相成。

（三）进入新闻播音状态的基本步骤

新闻的根本属性决定了新闻稿件有声语言表达的基本要求。因此，不论采取的是哪一种样式，宣读也好，说新闻也罢，都不能抛弃事实这一新闻本质特征，不能抹杀其固有的传播特点。播音员在播音之前大脑中应思考：什么叫新闻？切记新闻是新近发生或正在发生的事实的报道，新闻的本质——事实。

新闻的六个要素：When、Where、Who、What、Why、How。19世纪80年代美联社提出了新闻应具备"何时"（When）、"何地"（Where）、"何人"（Who）、"何事"（What）、"何故"（Why）这五个"W"的理论。进入20世纪以后，随着新闻受众素质的提高以及新闻媒体传播技术的不断发展，人们除了看中新闻要素中的"何故"以外，对事实发展趋势和结果更为关注，于是，又在五个"W"的基础上增加了一个H，即"如何（How）"，便形成了当今新闻学术界所公认的"六要素"。

新闻的特点：真、快、新、要、短。

新闻的结构：导语、主体、背景、结尾。

新闻播音的生理状态：首先要不断进行新闻的录音、录像，然后根据录音、录像来分析当时的生理状态。理想的生理状态可以简单概括为膈肌活跃、气息带有明显的弹发跳跃感，声音明亮轻松、字音饱满有力度、多用上扬语势，语气明朗有兴致，节奏简洁、明快、顺畅，充满自信，有强烈的播讲愿望，口腔、舌位准确，气息平稳。

切记：新闻播音的良好状态不是一蹴而就的，可以分解阶段给自己制定目标，逐步提高，不可急于求成。

（四）典型问题的处理

### 1. 明确语句精选重音

环顾语境、确定语气、调整疏密、承上启下，直奔语句目的。

### 2. 如何处理专业性、技术性强的稿件

虚心请教，搞清、搞懂，播顺，播得内行，播得有兴致，播得有分量，否则自己播得迷糊，受众也没明白，有的还会弄出笑话。

### 3. 如何处理近似专稿的消息

不要过分追求"身临其境"感和绘声绘色，要做到"感而不入"。

### 4. 新闻中的数字处理

注意数字是喜是忧。

注意数字对比，找准主要数字，加以强调。

说明数字表达的含义，读准数字反映的事件的主干。

### 5. 开场白、结束语、稿件结尾和导语的处理

问好要真诚，同样是"本台消息"，如果节目定位不同、内容不同，表达就不同。稿件结尾部分要与全篇相呼应，将语气自然过渡转换，平稳地将结尾蹲住，给人以结束之感，将内容引向深化。导语播得要醒目、生动、夺人，有新鲜和提示之感，要分清句子的主次，确定重音。尾语"这是××报道的"要格调统一，要"收住"，不要草率，不能有懈怠之感。

### 6. 气息和吐字

气息要保持六七层不能太满，吸气也只能吸六七层，始终保持留有余地。往往需要及时轻巧地补气，在似停非停的地方补气。读长句吸气要深一些。气息要根据播报的需要而设计；少用虚声，口腔动作要轻巧，吐字共鸣位置要统一，前后连接要自然，力求每个字都要清晰，有主次之分，唇舌动作要利索；要弄清字词如地名、人名、外国人名和地名等词语的准确读音。

（1）语速

语速以中央人民广播电台最具影响力的《新闻和报纸摘要》节目为例，20世纪60年代，每分钟播出约185个字；80年代，每分钟200～220字；90年代，每分钟240～260字；近几年，每分钟250～270字，最快时达到每分钟300多字。以每分钟250～260字这

个基准为多数。

（2）基调

感情的色彩和分量主要表现为是喜是忧、度的把握。

①与自身的功底有关，力求讲明白；

②与受众接受有关，要适度；

③打破标点的限制，少停多连，用转折错落来使语意鲜明，层次分明；

④带"轻"注"重"，缺一不可。

### 7. 与对手在话筒前的配合

（1）一切准备工作在进播音室之前完成。比如，检查稿件页数，核对稿件，查字典解决疑难字词问题，且要提醒对方做好准备工作，避免一些"小事"带来不好的创作情绪。只有这样才能沉着、冷静、安静，充满信心、集中精力进入播音状态。

（2）遵守纪律，相互支持，保持良好的创作气氛和播音状态。要分清私人关系与工作关系的区别，对手播稿时应该予以尊重聆听。

（3）在声音和风格上要相互和谐。

（4）默契配合、保持新闻节目整体的和谐和完整。把稿件归组，同类稿件相互呼应，播到另一类时要在手法上和上一组有所区分，以表示转换。哪一条该重，那么它前后的新闻则轻。开始语与结束语的播报要与对手的第一条新闻和最后一条新闻内容相互协调。

"用事实说话，以新感人"，简明扼要地概括了新闻播音的特点。换句话说，新闻播音有声表达的基本要求是：一是叙事清楚，二是新鲜感强。在实现这两项基本要求的过程中，我们会直观地体会到新闻播报的表达特色朴实无华，准确清晰，简洁明快，平稳顺畅。

（五）新闻播音表达的一般规律

### 1. 叙事清楚

（1）扎实的语言基本功

明亮坚实的声音，通畅自如的气息，标准清晰的字音，灵活的口齿，等等。这些都需要在持之以恒的锻炼当中逐步提高。

（2）处理好句子

树立一个新观念，句子是新闻播报的最小表达单位。避免字、音简单对位，防止蹦字。注意停连的处理：少停多连。而后是语句重音准确，符合语法规范。尤其要注意长句子的结构和语句目的，避免因重音过多和停连无序，导致语义含混。

（3）组织好句子

这里指句与句的关联要紧密，学会归并层次，随内容变化语气，使小层次的内容集中、鲜明。避免每句的语势都是从零开始，再到零结束以及全篇堆散句等现象。避免语势雷同的唱调出现。有一种现象需要注意：在新闻播音中注意语流的变化与基础课程夸张练习的差异。

（4）层次的转换和呼应

新闻稿件的结构源于它本身的体裁特征。我们要熟悉导语、主体和背景、结尾这样的三段式结构。

在语言表达过程中要注意以下问题：

首先，分析确定导语的语句重心，避免语式平直架起。导语要播得鲜明清晰。

其次，主体部分要处理好句子，强化句与句之间的关联。它是事实的展开部分，不是句子的堆砌，要播得从容舒展。

再次，明确背景材料的用途，充分发挥内在语的作用，避免直白。

最后，结尾要注意与全篇的呼应，将新闻内容深化，语气自然过渡转换自信平稳地将句尾"蹲住"，给人以结束感。

## 2. 新鲜感强

新鲜感就是要使受众鲜明地感觉播音员所报道的是他们所关心的或者感兴趣的。就是要用时代的新鲜气息吸引、感染受众。这种新鲜感来源于播音员对新闻事件的认识和感受，而这些又直接与其政治水平、新闻敏感度、认识结构状况有关，这就要求我们平时的广义备稿，对每一件新闻都能捕捉到新鲜点，感到新意。对于每一条新闻，我们都要进行纵横比较，找出其新意。比如事件新、政策新、形式新、受众新、思想新、角度新等。

由于新闻语言特点上的限制和真实性原则的要求，新闻播音在表达方法上受到了一定的约束，一般没有感情的大起大落，语言的变化也较少有大的起伏。一些夸张的表达手法如模拟、渲染、虚声、颤音等不能使用，发声时要气息下沉，唇舌灵活有力，吐字清晰，语调自然，节奏明快。与文艺播音相比，新闻播音有其特殊的要求，它不以模拟生活形态为目的，而是通过生活中少有的规范，以严整的语言形态来传递信息，所以主要的外部技巧的使用也有很大的局限性，不能融入自己过多的个人感情。但是声音作用于人的听觉，如果是单调、无变化的，就会令人生厌。要引起受众的兴奋，就要有强弱轻重和节奏的变化。播音时最能表达主题的词语和与主题有关的人名、地名、时间、事件都必须突出表达，而非重要词语则可以一带而过。重音在新闻中一定要少而精，过多的重音也会成为受众接收信息的障碍。

（1）节奏在体现新鲜感方面也有非常重要的作用

播音时要有快慢张弛的变化。如果不注意节奏的变化，不注意重点层次段落语句的强调，所有新闻保持一种播报速度，那么受众听起来不仅感觉乏味，甚至连内容都会听不明白。一般认为，目前播音时每分钟280字左右的播音语速最容易被受众接受。当然，速度只是一个相对的概念，要把播音时的速度和栏目风格、新闻内容以及播音员自身风格结合在一起，使得几个方面和谐一致，这个速度就是合适的。播音速度把握得好，能使新闻主题更加突出，感情色彩更加丰富，意义表达更加准确，新鲜感更足。

（2）增强对稿件的感受力

新闻的新鲜感源于新闻稿件。要播出新鲜感，必须深入地理解稿件，以深求新。要找出稿件的主要方面和要点，然后着力强调。要挖掘出隐含在报道事实之中的思想性和指导性。很多一线的播音员不备稿，直接播，总是保持一种四平八稳的状态播音。要在有限的时间里快速驾驭稿件，充分地备稿可能来不及做，但不能不准备，应当拣取最重要的来做，找准稿件的新鲜点。充分备稿能使播音员胸有成竹，在停连、重音、语气、节奏上有所设计，更可以深入地理解稿件的内涵，将广播新闻中体现不出的抽象逻辑意义准确地表达出来。

（3）积极的情感运动

在播音时，播音员要将全部注意力集中在对稿件的理解和传达稿件精神上，再理性地进行分析，最后通过形象生动鲜活的语言传达给受众。如果这时关注的仍然是字音，那么就有可能出现摆句子、固定腔调、蹦字等现象。感情的投入要适当地把握分寸，"感而不入"。"不入"的前提是"感"，即调动起自己的积极性，将情感融入播音中来。"不入"就是不要陷入感情中。冷静中有思考，在不改变稿件的基础上，让受众从语句的字里行间中感受到一定的意义。气随情动，声随情出。运动的思想情感创造运动的语气节奏，运动的语气节奏会吸引受众的注意力，让受众产生新鲜感，在这个新鲜感的产生过程中，感情的运动变化是基础。

### 三、新闻播音的语言表达样式

新闻播音的语言表达样式有三种，即播讲式、宣读式、说新闻。

（一）播讲式

播讲式是最常见的一种语言表达样式，也被人们称为播报式。播讲式语言规整简练，流畅自如，既带有报告新闻的振奋、准确和简洁，又保留了自然语式的自如曲线运动。可以说它是一种介于口语谈话和宣读中间的语言样式，其适用范围非常广泛，广播电视新闻绝大部分是采用这种语言样式传播的，是广播电视新闻的代表性语体。

这种表达方式的特点是：

（1）既庄重又自然、亲切；既适用于政策性较强的稿件，也适用于知识性强、趣味性强的稿件。它能反映时代的气息和体现播音"用事实说话、新鲜感人"这一特点。

（2）适应新闻、新闻稿件的结构特点和语言特点。

（3）弱点是亲切上不如说新闻、严肃性不如宣讲式。

（4）语言特点是：振奋、准确、简洁、自如的曲线运动。

播讲式是在日常讲话的语言特点基础上，吸取了宣读方式中语言规整、吐字干净利落的特点而形成。是目前新闻播音中最常用的，也是最基本的表达方式。我国绝大多数电台、电视台的新闻播音都采取这种方法。

（二）宣读式

宣读式又叫播读式，这种方式要求语言规整，吐字干净利落，与播讲式比较，声音略高。特点是，严肃庄重，有气势。主要用于严肃郑重的政治性稿件的播音，比如播报国家大法、法令、决议、章程、公报、声明等。用宣读式播报这些稿件，可以鲜明准确地反映立场和态度，而且从播音员的语言表达形式和规格上也能意识到这些事情的重要。其语言比较郑重，而亲切自然则显得不足。除了上述几种稿件外，其他稿件采用这种方式的则不多。

宣读式是三种语言样式中规整性要求最严的一种。宣读的稿件不允许做口语化处理，必须一字不差地照原样播出。郑重宣告是这种样式的基本特色。它的规整性要求最强，口腔控制力度最大，气息控制最沉，语流速度最慢。它既要有发布新闻的新鲜感，又要有发布重要消息的严肃感和持重感。播音员只有进入这种特定的创作状态，才能从心底焕发出宣读的主动性，获取到宣读的感觉，进而刺激语言形成宣读的样式；在进入宣读状态之后，可以分头对气息、声音、语句等逐一进行调整；在气息控制方面，气息用得沉稳、匀畅，听不到换气的声音，也没有憋气的痕迹；在声音运用方面，不强调音色的多种变化，比较追求通畅、坚实和洪亮，口腔控制力度比较大，比较讲究吐字规范，要求字正腔圆，语句的重音选择、停连的处理乃至语气变化的分寸，都比较谨慎、规范，很少带有随意性。它的语速稍缓，通篇节奏平稳，节奏性比较单一。这种方式语言规整，吐字干净利落，声音略高。应用范围：国家大法、法令、公告、章程、布告、任免名单等特殊体裁，应用范围较窄，但却是语言功力的"硬石头"。

### 1. 特点

（1）严肃、庄重，既有新闻的新鲜感，又有严肃感和持重感。

（2）语流速度相对平缓、字正腔圆、口腔力度较大。语势较强，它的吐字归音、语句停连较为规整，气息控制也较匀畅沉稳，声音坚实、洪亮。

（3）播音员可进行自如化的宣读。

### 2. 误区

（1）过分地控制口腔力度而将字咬死出现蹦字现象。

（2）过分注意气息下沉，破坏了气息运用自如的状态，造成气息僵、气咽、气憋，影响表达。

（3）过分强调语句停连归整，造成语句呆板、单一，削弱了句与句之间的联系，易使全篇散句一堆。

（4）过分强调声音坚实明亮，结果欠缺弹性化，使语言色彩单一，影响思想感情的表达。

### 3. 注意事项

（1）规整而不僵直。

（2）持重而不做作。

（3）有力度而不生硬。

（三）说新闻

这种表达方式比较明显地体现了日常说话聊天的特点。它的优点是亲切自然，比较随便，能拉近与受众之间的距离。它主要用于知识性、趣味性较强的稿件。稿件的篇幅也不宜太长。当然，对于思想性、政策性较强的新闻，有时也能采取这种方式，但是为了适应口语化这一特点，稿件的语言要做较大的改动。例如，书面语要改为口头语，一个较长的句子要改成几个短句等。这种表达方式的缺点在于适应性较差。说新闻也好、聊新闻也好，它不是简单地把播读稿件的句子加上"啊、的、了、嘛"等语气助词，而需要在阅读、分析、记忆原新闻稿件并且明了事实之后重新编排内容、组织语言，主持人手中往往只有提纲。

### 1. 特点

（1）灵活、自然亲切，语言稍微松缓，交流感较强，能增强与受众的互动。

（2）语言组织上口语化，把稿件的长句变为短句说出来，使用惯用词和听觉易分辨的词，使受众易接受、明白。

（3）对于规整、简洁、流畅性是有要求的，不能说半句话，不能拖泥带水、反反复复，不能想停就停、停停说说。

主要用于知识性、趣味行、生活类新闻稿件，且篇幅不宜过长。若过长的稿件用这种方式就感到松散。

注意：播读式与宣读式可以并用，与说新闻不可并用，否则就会破坏其播音风格。

### 2. 说新闻文稿的口语化处理

（1）词语处理：把生涩呆板的书面文字换成通俗易懂的口语，注意符合新闻语体的特点。

（2）句式处理：长句改短句，用主谓结构，不用倒装句、欧化句。

（3）语音处理：考虑平仄相间，朗朗上口，入耳动听。

（4）语序调整：把兴趣点、关注点、背景提前。

（5）交流感和讲述感：从故事性的个案切入，进行适当的细节描述。

（6）强记信息要点和叙述的逻辑顺序，重新组织语句，注意叙事层次的流畅和推进，不要被偶尔的"磕巴"所困扰。

（7）状态专注积极，松弛、自信有活力。

### 四、新媒体时代的新闻播音

换句话说就是：叙事要清楚，新鲜感要强。播音员从开始准备稿件直到播出的整个创作过程都是围绕这一特点来进行的。

**（一）叙述要清楚**

一般来说，新闻稿件的篇幅都比较短小，要求用简洁明快的语言概括地报道新闻事实，内容则要求短而精。因此，播音员需要在三五百字的新闻中，把新闻事件的时间、地点、人物、事件、道理、结果等问题全部交代清楚。倘若有一两句话没有播清楚，则往往会影响整条新闻的清晰度。另外，新闻稿件中的书面语、长句、结构比较复杂的句子比较多，这些句子和口语差别较大，处理起来比较困难，也给播音员用有声语言清楚地传达事实带来了困难。那么如何才能做到"叙述清楚"呢？

### 1. 理解相关概念和读音

新闻内容五花八门，涉及社会各行各业，有政治新闻、有经济新闻、有科技新闻，等等。为了播音准确无误，文理通顺，要及时弄明白新闻中出现的名词、原理、概念等。倘若新闻稿件中遇到不明白的名词或概念，则会造成表达上的偏差或者失误。因此要养成勤查字典的习惯，并且积极向相关的人请教。同时还应该在平时提高语文水平，注重知识的积累，这是我们广义备稿时所要求的。在拿到稿件的时候，要仔细看一两遍，发现读音拿不准的字词，要赶紧查字典；在稿件上给生字注音的同时，最好在旁边写一个同音字，因为在快语速的播送中，也许来不及拼读生字，可以直接读那个同音字。在遇见人名，要名从主人。比方说，在读到多音字做人名时，要根据主人的实际情况确定读法，遇见不常见的姓名，要小心核对读音。当然，该规范的姓氏读音要读正确，不能迁就。遇见地名时，如果字面读音和人们日常读音不同的，要依照俗称播读，这是一般的惯例。另外，遇见少数民族和外国人的名字时，有时很拗口，不容易读流畅。这时要先由慢到快，大声地读若干遍，增强语感，以保证在正式快速的播音过程中不出问题。

### 2. 搞清新闻事实

新闻是以报道事实为基础的。所以新闻播音必须体现出"用事实说话"这个特点，这是对新闻播音的最基本要求之一。在解决了字、词的障碍后，我们就要搞清楚这条新闻究竟讲的是什么，即解决"知其然"。这一点看起来很容易，就是读懂新闻内容，可是真正做到也并不容易。因为新闻稿件包罗万象，天文地理、政治经济、科教文卫……凡是国际上的重大事件，凡是和国家、人民相关联的事情，都会在新闻报道中得到反映。因此，播音员在新闻稿件中会经常遇到自己不了解、不熟悉的事情，这本是不足为奇的事，可是新闻节目稿件一般准备时间很短，这就给我们搞清事实增加了难度。但是，如果不做到"知其所以然"，播读起来就会相当吃力，甚至出错。所以说，对于新闻事实，要想弄清一个"懂"字，并不容易。这就需要我们平时要刻苦学习，广泛涉猎，不断积累。

### 3. 把握结构和主题

了解了新闻事实，明白了这一新闻事件到底是怎么回事，为我们交代事实做充分的准备。但是光自己心里明白是远远不够的，我们需要的是要让别人明白，所以，还需要了解新闻稿件是如何组织材料以及体现的是什么思想，也就是结构和主题的问题。新闻稿件的结构有着自己鲜明的特点。一般的新闻稿是由导语、主体、结尾三部分组成的。在分析结构时，我们应该做到以下几点：

首先，分析导语，抓住中心思想或中心问题。大多数新闻稿件的导语或是概括了全文的中心思想，或是概述了全文最主要的内容或报道的主要问题。导语虽然不长，却概要地讲述了这条新闻最主要的事件。换句话说，导语是文章的纲，下文都是围绕这个纲展开的。我们就要抓住这个纲，沿着导语提起的线索对下文进行分析。

其次，搞清主体和导语的内在联系，把握主体的层次。主体是新闻的主要组成部分。它用具体的、足够的典型事实材料回答或说明导语提出的问题。它用那些材料，怎样一步步地把导语中的问题说清楚，这就是新闻主体的层次问题。

如果是按照时间或空间顺序组织材料的，我们就要按照时间、空间顺序理清叙述的脉络；如果是按照逻辑顺序组织材料的，我们就应该按照逻辑的顺序理清叙述脉络。只有经过这样的分析，我们才能理清和掌握主体结构，播读起来才有可能做到层次分明。

再次，搞清结尾是如何与全文呼应的。好的新闻结尾可以使新闻事实更加充实完整，使整个消息的逻辑更加严密。为此，我们就要搞清楚它和导语、主体的关系：是对新闻事件的概要总结还是对主题起了深化作用？是对今后提出了展望还是鼓动性、号召性的结尾？通过这样的分析，我们才能对全文形成一个完整的印象。

最后，恰当地分析和处理背景材料。背景材料的作用，是介绍新闻发生的历史、环境、条件，说明事件发生的原因，解释和说明新闻的内容和意义，或对某些术语做注释性的说明。通过联系背景材料，我们可以对新闻了解得更加清楚和具体。在新闻中，交代背景材料的内容位置不定、长短不同，有时还不出现，这需要我们凭借自身的新闻知识积累，根据文章的内容进行具体分析。只有经过这样的分析过程，才能使新闻脉络更加清晰，为我们的表达打下良好的基础。

### 4. 确定语句重音

在我们已经抓住了新闻主题或中心，分析了稿件背景，明确了播讲目的之后，我们需要确定稿件的重点层次、重点句子以及语句重音。没有重点，就没有目的；全都是重点，就没有重点。新闻稿件短小，准备时间短，给我们明确目的带来了难度。如果目的不明、轻重不分，百十来字的稿子一瞬而过，那就无法达到叙述要求，其播出效果也就可想而知了。

**5. 理出"播音提纲"**

在完成了上述内容后，如果有一个提纲，不管是成文的，还是腹稿，对于先说什么，后说什么，哪里要重点讲，哪些地方可以一带而过，有一个大致安排，就可以使播讲变得有条理。理出新闻提纲，也是同样的道理。

（二）新鲜感要强

新闻之所以能够成为新闻，首先在于它具备新闻价值，而且"新"。所以，我们在拿到新闻稿件之后，除了要深刻地理解新闻内容、层次之外，还要看到新闻"新"在什么地方。究竟是时间新、内容新，还是有新的思想或新的角度。只有理解准确，才能让我们的表达更加准确。而我们在这里讲到的"新"，既是新闻的新鲜感，也是新闻稿件的灵魂。

那么，什么是新鲜感呢？新鲜感就是使受众真切地感觉到播音员所报道的是他们所关心或者感兴趣的最新鲜的消息，从而吸引他们的注意力，并从中受到感染。简而言之，就是新闻播音要用时代的新鲜气息吸引和感染受众。

那么怎么找到新鲜感呢？这就要求播音员必须注重两点：一是搞清背景，抓住新鲜之处；二是深入具体地感受新闻，形成传播信息的强烈意识。

# 第三节　新媒体时代新闻播音发声训练

作为新闻播音学播音发声理论的补充和拓展，我们在新闻播音发声训练中引入传统文化的理念。这绝对不是否定国内多年来沿袭的播音发声法，相反，引入传统文化的理念是在原有基础上的传承和探索，尝试作为新闻播音发声训练的补充。

**一、新闻播音中喉部调节的"破"与"立"**

一篇短短的新闻稿如何准确清晰明快地播报出去，如何在声音流中充分体现汉语普通话的美感，播音界前辈已经总结出宝贵的训练理论。但是，在情声气三个方面的训练中很多借助意念的调整，却又无法明确指出如何调整，尤其是气息方面，很多训练还停留在具体的方法上，停留于表层不敢深入。诚然，气息训练不好把握，每个人情况又一样，所以在播音发声中以情带声、以声传情的训练多一些。然而现在很多初学者都知道网络的无所不能，但是像新闻播音这样的硬骨头，只有靠播音员日积月累的长期训练，才能逐渐培养新闻播音的岗位要求。新闻播音的能力训练没有任何捷径可走，最难驾驭的就是气息。

在信息纷繁复杂的新媒体时代，我们充分借鉴中华传统文化，将道家的"气"理念以及新闻播音发声中的"气"的内涵和外延充分拓展。生理学将气息从口鼻到肺部一呼一吸的过程称为外呼吸，而通过血液循环完成人体各组织细胞之间的气体交换，称为内呼吸。从整体的角度来看：由口鼻吸入的气息不是吸入肺底，而是吸至通体细胞，最终是由体内细胞完成气体交换。

在发声训练过程中，播音员不断捕捉这样的感觉，对控制呼吸状态大有帮助。

在整个播音发声过程中，喉部控制是一个关键环节，很多初学播音的同志，往往因为喉部调节不当，导致创作道路的偏差，以致积习难改。笔者不揣浅陋，仅就自己在喉部训练中的一点感受谈一些不成熟的体会，不妥之处请播音界同人指正。

正确的发声状态：应是尽力放松喉部，最大限度地开发口腔、胸腔共鸣而美化声音。"会用声的人使用利息，不会用声的人使用本钱。"这是播音理论中对"放松发音法"的形象概括。初学者进行喉部放松训练，始终贯彻一条破与立的规律，即要不断地同原有不良习惯"斗争"，再树立新的发声习惯。在一般正常的发声状态下，说话者喉肌着力的感觉并不明显；一旦进入语言传播发声状态，要求音量的扩大和声音的变化，喉部的着力感觉就会明显起来。很多爱好朗读、播音的同志，为追求所谓"好听"的音色，根据经过电声传输后的播音员的声音练习，往往发声只停留在表面模仿阶段，将声音共鸣都集中在喉部，而没有注意到气息、口腔控制与喉部调节系统的关系，形成了压喉挤喉说话的不良习惯；在对音色的追求中，又使喉头不稳定，造成恶性循环，这是播音的大忌。喉音重大多数是因为共鸣部位没有打开，要克服这一弊端，第一步我们可以加强气息练习，从而使腔体上下贯通，减少喉部损伤；第二步以声音外送寻找面罩感为方向，使声音上提；第三步逐渐寻找胸支点，使胸腔着力点集中。

（一）以形成面罩感为目标使声音上提

首先，练声音得先练气。在播音发声训练中，必须养成正确的胸腹式呼吸的习惯。要克服发声时喉挤压的习惯，不管程度的轻重都可以用叹气法来体会喉部放松的感觉，解放喉部可以和练气合并进行。第一步，用平常的胸式呼吸，先吸气，然后无控制地叹出，逐渐寻找喉部放松的感觉，如此坚持训练数日。第二步，抓住这种感受，无任何控制地自然说话。开始我们不要怕发出这种不漂亮的声音来，这种训练的目的是调整喉部在发声时的紧张程度，逐渐形成喉部放松的发声习惯，找准喉部放松发声的稳定感觉。第三步，可以逐步按播音练声的理论练习胸腹式呼吸。气息是播音发声的"血液"。我的体会是气息训练不急于求成，即使是已经取得了较强的控制能力，在每次发声前也应逐步调整呼吸状态，用于播音发声。逐步用意念训练在以内收感为主的"吞"的感觉下发声，使气息从声门均匀地、有控制地流出，不会迫使声带为控制气浪而增强闭合力。通俗地说，这种感觉就相当于把气息流动作用于声带的压力，分散到以小腹为根基的躯干部，而减轻声带的负担。所谓放松就是要避免在对音色的追求中加大声门闭合力，而使两力拮抗处于最为节省的最佳配合状态。这时，我们用"Lu—Lia"两音的发声效果来体会喉部放松与气息控制相配合的感觉。其次，口腔后部调节与保持喉头位置的相对稳定，也将对喉音调节起关键作用。起初，我们在琢磨喉部放松时，并没有注意到喉部本身的具体状态，而当取得控纵自如的气息状态和喉部感觉后，在外送声音时为取得面罩感觉，又可能遇到喉部放松与口腔调节的矛盾。发声时口腔后部（舌根、软腭、下颌）状态紧张，声音集中在喉部大多数由于这些部位不同程度地向喉部挤压，而在播音表达时，喉头应保持相对稳定，这对声音效果非常重要。我们通常说要打开后腔、解放舌根，指的是适当松下颌和挺软腭。解决舌根后缩的问题，我的感觉是：在发声前舌头要充分活动开，使其灵活自如，前部弹动有力，后部处于放松状态，下颌适当降低也会带着舌根降低，但以不挤压喉器为度。这里破与立的训练对于喉音重的人来说也是艰难的。经过一段时间的放松喉部的训练，我觉得用刮舌时舌尖力量集中而使舌根力量松懈来检验效果较好。软腭上抬也应以不带动喉头上提为准，如果过高，同样会带动舌根上提。这种无声练习，往往在发声时又会被弱化，所以，应在保持气息控制的情况下，来体会发声时舌根、下巴放松和软腭上提，使声音外送。这里存在的问题就是我们的注意力往往很难兼顾得那么全面，往往注意到口腔后部，又忽略了前部的咬字力度；而注意到了咬字力度，往往软腭、下颌等固有习惯又"卷土重来"，声音又"囔鼻""挤喉"了等，这需要较长的"破与立"的过程。在这种"破与立"的训练中，往往又会出现新的问题，但是只要我们抓住根本的要领：喉头在发声时位置应相对稳定，就可以大胆摸索。总之，勤能补拙，播音发声须天天练，持之以恒。训练中发现问题，要遵照规律，逐步纠正，以逐步获得稳定的戴面罩感的发声能力。

（二）训练胸部支点，彻底解放喉部

增强面罩感使声音上提，那么运用在意念引导下的胸支则可以使喉部着力下移。胸部支点是指在有声语音表达中，随着气息声音的变化，胸部产生的一种振感点，它是一种用声的着力点，并且还是声音弹性的调节点。它通过胸骨甲状肌、胸骨舌骨肌等多组肌肉的收缩，把挡气的力量由喉头转移到胸部中央。气流能够先在胸部缓冲一下，再送到喉部。这样一来，喉头在发声时就能处于相对稳定的状态。声带的伸张闭合也较为自如，能够均匀地振动出声，喉肌接近于生活口语发声的松弛状态，喉部丝毫没有了束紧费劲的感觉，从而使喉头与声带得到了"解放"。胸部支点训练的调节可以有效地转移发声力点，使喉部着力变为胸部着力。在胸支训练过程中，检验感觉和方法把握得是否正确，一个重要标准就是喉部有没有用力的感觉，嗓子累不累。一般来说，只要喉部很轻松，就说明对胸支的把握没有偏差。胸支的下限在胸支骨下端，上限可定在胸骨上端，即胸骨与两根锁骨的连接处。声音上挤的原因主要是运气"越位"，声门闭合过紧。气与声的结合点必须控制在胸支以下，超出上限，就算越位，声音就会挤上去下不来。与此相联系，声门也会加大闭合力度，使喉部紧张起来。有人为了找声音"送出"口外的感觉，有时忽略了胸支着力，声音会不由自主地上提。另外，胸支挂挡时音调偏低与声音偏后有关，会引起发声压喉，解决的办法：一是适当提高音调；二是将声音尽量往口腔前部送。

胸支的锻炼和把握，是一个循序渐进的过程，只能一步一步地练习、体会。找到感觉是基本，控制阈限是重点，气声挂挡是将胸支用于发声的关键环节。其中，挂挡过程需要与面罩有机结合，这是声音效果形成的重点，也是一个很复杂的过程。但有了以前练声的积累，我们已经能够对喉部进行适当调节了，最终的声音效果可以根据本人条件和发声可能性调整。总之，胸支的把握到位，喉部放松的目标基本可以达到要求。

## 二、新闻播音中的呼吸感悟

一个播音员的发声基本功力的深浅，在他的新闻播音中将受到严格检验。

播音界的前辈说，新闻播音要有精气神。要做到这一点，并不容易，它除了对新鲜感体现的要求外，还需要声音的运用自如、吐字的清晰准确等，而这些都是在平时练功认真刻苦的基础上训练出来的。话筒前的新闻播音是播音发声能力训练的集中体现。

欲练声、先练气。这是有声语言训练的最重要基石，气息功力的深浅直接决定了播音发声的质量和寿命。而气息的训练不光对于初学者来说难以掌握，就是对于一个从业多年、以播音为终身职业的人来说，气息的训练也是无止境的。播音发声训练不论是吐字还是气息，都存在某种相反的规律。我们平时说话常用的那部分器官要尽量使其放松，而平时说话不用的部分器官却要尽量激发其灵活程度。比如，吐字训练，强调的是开槽牙、挺软腭、上唇及舌前部中纵线的独立性和灵活性。这些对于播音发声来说是非常重要的技能，未入门者说话时却很少训练，其目的是在口腔上部建立一个控纵有度的回音壁，使声音产生自然的口腔共鸣，平时说话常用的下巴和喉部却一再强调需要尽可能放松。而要做到这些，离不开播音发声中气息训练的配合，播音发声训练的胸腹联合式呼吸要求以丹田为轴心，放松肩胸、喉部，最终建立一个中间松、两头紧的正确的发声系统。气息训练是逐渐提高的，而且是无止境的，每走一步都伴随着发声系统破与立的过程，最终达到气畅、字清、声美、多变。

（一）用穴位滑动感去稳定呼吸控制

生理学上将气息从口鼻到肺部一呼一吸的过程称为外呼吸，而通过血液循环完成人体各组织细胞之间的气体交换，称为内呼吸。从整体的角度来看：由口鼻吸入的气息不是吸入肺底，而是吸至通体细胞，最终是由体内细胞完成气体交换。在发声训练过程中，不断捕捉这样的感觉，对控制呼吸状态大有帮助。在练声时，首先是精神集中。静坐或站立时，练习者要把精神集中在小腹部位（下丹田，脐下约一寸三分处）；如果妄念又起就再放下，反复练习，久而久之妄念自然会逐渐减少，以达到无念的境界。其次是体会"缘督以为经"。这里的"督"是指人体内顺脊而上的中脉。

（二）让状态松弛成为本能

播音员、主持人发声训练要求具有松弛的状态，即人的心理和生理的充分松弛，心理与生理保持本来面目的自然运动状态，也是人所具有能力的一种正常发挥的状态。只有实现心理放松，才能使大脑保持高度的调节能力，实现肌肉组织放松，才能使用气发声各部位有机、自然地协调配合运动，使肌肉产生弹性，从而使声音具有弹性。

练声时，不能放松的原因是多种多样的：一是不懂发声方法，以为发声就是用力；二是心理紧张，如怕发不好、发不准等；三是肌肉组织和发声器官不放松。这是习惯，或者是发声意识太强造成的。当我们把练声的目的淡化，注意力放在气感的培养上，"欲擒故纵"，时间长了就会慢慢领悟。

# 第四节 新媒体时代不同体裁新闻播音

## 一、新媒体背景下的新闻评论播音

新闻评论的播音主持是主流媒体的旗帜，具有明显的导向作用。即使在新媒体时代，这种表明媒体态度的播音样式也是必不可少的，在碎片化传播的时代，它是播音艺术的功力所在。播音员、主持人应具备相应的政策理论水平、大众主流社会的道德观念，强化社会责任感，在表达时又要以理服人，善于诱导，把握好感情态度的分寸。在新媒体环境下，作为党和政府喉舌的广播电视媒体，新闻评论播音这面旗帜必须态度更鲜明、导向更明确、立场更坚定。

（一）概述

评论属于议论文的范畴，广播电视宣传中的评论性稿件大多属于新闻评论。

新闻评论是一种政论性的新闻体裁。通过有稿播音的训练，学习者能基本掌握广播有声语言传播的一种基本语体议论语体的播音主持（新闻评论类），为今后播出议论性的文章或主持评论性节目打下基础。我们大家都接触过议论文这个文体，议论文在广播电视新闻节目中的呈现形式就是新闻评论。

（1）新闻评论是以议论为主要表达方式，通过摆事实讲道理，直接表达作者的观点和主张的文体，其三要素为论点、论据、论证。

（2）新闻评论"是就当前具有普遍意义的新闻事实和重大问题发议论、讲道理，有着鲜明针对性和指导性的一种政论文体，是所有新闻传播工具的各种形式评论的总称，属于论说文的范畴"。

评论播音的特点：观点鲜明、逻辑严密、以理服人。评论稿件的分类，从不同角度有着不同的分法，主要有本台评论、本台评论员评论、本台短评、演播室谈话、记者述评、编后话等。

（二）分析稿件——全方位

（1）特点：新闻评论是一种政论性的新闻体裁，一方面具有政治论文的鲜明特点，即从政治思想的角度以说理为主要手段，对一些重大事件、问题进行分析论述；另一方面具有强烈的新闻性。

（2）对象：重要新闻事件、问题、倾向。

（3）任务：通过对新闻事件或新近出现的问题、动向的分析，直接、明确地发表作者的观点，表明态度，提出解决的办法，起到影响舆论、引导舆论、指导社会生活的作用。

### （三）了解内容——抓结构

了解内容就是弄清文章根据什么事实、讲了什么道理、说明了什么看法和主张等，这些可以用归纳提炼自然段大意的方法获取。抓住结构时要注意文章层次间的内在联系，以及各个层次与中心论点的关系，也就是把层次划分放在文章的整体去考虑，即找出论点一层层分析一步步论证，给受众留有印象。

### （四）弄清主题——抓逻辑

文章的主题：中心论点是文章政治性、思想性的集中体现，是文章全部观点的概括和集中。

弄清主题：找出文章的所有论点，然后在论点中比较，看哪些论点是为一个论点服务的，这个论点，就是中心论点，就是主题。

找论点：研究文章结构，表现形式有两种。

有的文章全篇只有一个论点，有的文章全篇有多个论点，要找准主要论点的位置，有时是在篇头、中间、结尾，前注之、后顾之、首尾括式为中心论点服务。

注意有些文章的中心论点没有直接表露，需要我们去总结、归纳。抓逻辑是指对评论的逻辑结构及逻辑方法的分析；分析中心论点与分论点的关系"总纲"；分论点之间的关系包括递进、并列、接续关系；论点与论据的逻辑关系分析；层次内部论点和论据的论证方法的分析；观点与材料的分析。

要按文章思维去分析，勿太死太细。

结合播出实际抓目的。结合实际是指结合社会实际，目的是指宣传目的，也就是播讲目的。可推动情绪上的酝酿，做到有感而播。结合实际可以借鉴自己身边发生的同稿件相似的事情去感受，如结合平时的积累、观察等。抓目的，是指文章针对什么问题、为什么发表、作用如何。系列报道，主题不同但有统一的宣传目的。

确定对象抓态度。确定对象要注意两点：首先，确定什么样的对象以及与对象交流。对象最好设计成对所播内容有关的、最感兴趣的人，便于交流；其次，和对象交流，要感到受众在听，随内容深入而产生共鸣，同时反作用于播音员，使之产生强烈的播讲愿望。抓态度，是指播音员对稿件的看法。首先，要有态度，与原稿一致；其次，要态度鲜明。态度要分寸得当，符合稿件原意的政治界限。

（五）评论稿件的表达

## 1. 语言表达的基本要求

（1）观点鲜明

第一，全文态度、倾向要十分明确。播音员的态度、感情要与稿件相吻合，并准确表达出来，这一般由语气来体现。

第二，论点部分强调要鲜明得当。中心论点在全文中起提纲挈领的作用。分论点要与中心论点区分开来，力度不能等同于重点段的中心论点，用介于中心论点与普通论点之间的语气。

（2）逻辑严密

评论文章的逻辑力量是指文章中心思想相互间的有机联系通过有声语言的准确再现。包括层次、论证，注意条理清晰、重点突出。

①层次清楚

层次包括大层次、小层次、句子的相互关系三个方面。层次清楚是播音员以停顿和语气转换方式来体现。大层次与小层次转换和停顿要有所区别。一般前者语势大、停顿时间长；后者则相反，在前者基础上采用降平降升的语势。

②论证有力

要准确表达论点和论据的关系。论证方法有归纳、演绎、例证、反证、引证等，注重摆事实、讲道理，一步步感染受众，使其接受文章的观点。重点要突出，重点段落的确定要用语言表达体现出来。

## 2. 语言表达中应该注意的问题

评论是说理的，所以在评论播音最重要的特色是以理服人。

（1）感情和语气

评论文章要晓之以理，动之以情。随着议论的深入，播音中的情也不断运动，这就形成了"寓情于理"。情的度，要用语气来把握，体现宣传的目的。应运用中肯的、抒情的、亲切的语气，但要随逻辑不断深入，根据播讲目的掌握分寸。

（2）逻辑与重音

确定重音要准确，根据文章的逻辑确定重音，重音是否正确则体现了关系逻辑的严密性，从而又决定分量。要处理好讲道理与节奏的关系，不同的文章有不同的节奏，播音时不能速度过快，要尽量给受众回味和思考的余地。要学习评论的修辞手法，增强说服力和感染力，以理服人，保持大方而又宽广的气度，令人听后信服。要做到严肃、郑重而又不缺乏亲切和信任感，做到寓情于理、情景交融。

（六）新闻评论的类型

## 1. 报刊社论

报刊社论代表编辑部对带有全局性的问题进行评论。对中央（或省、自治区、直辖市党委）有事关全局的新部署、新精神、新政策进行传达和阐述。

同时，重大政治活动、重要节日也应发本台评论。

这一类评论有以下几点在播音时应予以注意：

分量较重，政治性很强；针对性鲜明，指导性很强；篇幅一般比较长。

播报特点：既应突出严肃庄重的特点，又忌端架子，且因篇幅长，所以播讲的难度较大。所播的社论特点不同，对表达有不同的要求。

## 2. 评论员文章

这类评论内容的重要性仅次于报纸社论（本台评论），是就当前工作的某一方面、某个问题进行评论。其议论既带有专门性、部门性的特点，又具有普遍的意义。从播音语言表达的角度讲，它与社论（本台评论）的区别是，社论（本台评论）的有声语言表达应体现面向全局、指导全局的高度，评论员文章（本台评论员文章）则应着重体现所评事件的个性特征。

## 3. 媒体短评

媒体短评包括报纸短评、本台短评、门户网站短评，是针对某个具体事情而发的。短评可以直接对这个问题、这个事情进行评议，也可以将其中的道理引申，使其具有新的高度和广度。与社论和报纸评论员文章相比，短评的论题更单一、分析更扼要，一般来说篇幅更短一些，数字也少一些。短评很少单独发表，一般是配合新闻播出（有时也配合通讯等），因此要与相应的新闻配合好，播音语言宜体现简洁明快的特点。

## 4. 演播室谈话

这一类评论的任务是对现实生活中带有倾向性的思想领域的问题，对新人、新事、新风尚、新经验发表议论，当然，也可以就典型事例来解释某些政策，属于谈话体的评论。选题大多偏重于思想、作风方面，多采取一事一议的方式。播音一定要抓住"谈"这个特点，用我们日常的话讲，播音员对象感要很强、很具体，语言应该亲切些、自然些、朴实些、顺畅些。

对于这类评论有两点应注意：一是这类评论对事有褒有贬，所以对"亲切"不能片面地理解成"笑眯眯"。二是"谈"这个特点也不能简单地理解成自己熟悉的日常说的大白话才叫"谈"。其实，不同的人，比如文化修养不同的人说话的习惯也不尽相同，所谈论的事情不同，"谈"的方式也不会相同。我们选的文章的语言特点就不相同，播音员应适应这种情况。

演播室谈话是思想评论的范畴。平面媒体的"人民论坛""网络论坛"，以及微博和微信互动等提供的线索都属于思想评论的范畴，这类视听节目稿件需要主持，还需要配音，主持人应多加训练。

### 5. 述评

这一类稿件的特点是对新闻事实做夹叙夹议的评述，既具有对事实报道的特点，又具有评论的说理性特点，事实和道理紧密结合。但从播音再创作的角度讲，述评类播音的语言表达必须集中表现"讲道理"这个特点。也就是说，对新闻事实的"叙"，是服从和服务于对新闻事实的"议"，与新闻中"用事实说话"这一特点不同，述评的播音，属于评论播音的范畴。

### 6. 编后话

编后话也是在新闻节目中常见的一种形式。它以短短的几句话对前面报道的新闻表明编辑部的态度，可以有说明、评价、建议、提示、表态、辩驳等多种样式。播音时要注意和前面有关新闻报道的配合，突出言简意赅、引人注目的特点。

### 7. 国际评论

这类稿件政策性极强，播音员对党的外交政策、国际社会大背景发展的总态势等，要做到心中有数。语言表达既要尖锐、有锋芒，又要注意表现出大国的风度和胸怀，做到有理、有利、有节。

## 二、新媒体背景下的新闻专题播音

在过去广播中常见的新闻报道体裁最主要的有消息、通讯、评论，简称"三大件"。而随着广播电视传播业态的逐渐发展，广播通讯播音的样式逐渐开始演变，同期声稿件被大量运用。广播媒体里通讯这一体裁逐渐演变为新闻专稿，在电视节目中演变为新闻专题。这使节目的鲜活性有了很大发展而对播音员的要求方面则有所变化，深入一线采访的记者素质要求大大提高了，但声音的塑造能力要求却有所下降。而作为播音工作者，高超的声音塑造能力应该是有志者永恒的追求，通讯播音的技巧和方法仍将是专业工作者提高表达能力的台阶。作为播音员的核心技能，老一辈播音艺术家总结的通讯播音训练技巧是无价之宝，我们必须代代传承，因为以通讯播音的训练功力来应对现在的广播电视专题稿件，将使我们得心应手。因此，刚刚崛起新媒体中许多制作团队对新闻专题类的播音情有独钟，也就是说在新媒体起步阶段，通讯播音的样式仍有着很大的市场，通讯播音在新形势下大有用武之地。所以，本章节我们着重介绍通讯播音的训练技巧。

（一）通讯播音的核心训练

在我国传统广播占主流的时代，常见的新闻报道体裁最主要的有两种：一种是消息（新闻），一种就是通讯。通讯是我国新闻界很有特色的报道形式。从播音教学的规律出发，通讯播音有助于训练播音员、主持人进行详细具体报道的独特表达技能。掌握通讯体裁的特点，明确通讯体裁对播音的要求，将为播音员驾驭新媒体环境下正在运用和将会出现的新闻专题类稿件打下坚实的基础。

通讯播音的训练类型：

（1）人物通讯播音训练；

（2）事件通讯播音训练；

（3）工作通讯播音训练；

（4）风貌通讯播音训练。

在形象感受、情感体验稿件的基础上，播音员运用语气节奏，使叙述、描写、议论、抒情等手法灵活运用，达到生动传达稿件内容的目的。

## 1. 通讯播音概说

（1）通讯播音的意义和作用

通讯是新闻报道的基本体裁之一。与消息相比，通讯以详细具体、形象生动地报道新闻事实见长。通讯时常是消息的补充和深化。在广播宣传占主导地位的时代，我国新闻界有很多经典的通讯报道，例如《谁是最可爱的人》《为了六十一个阶级兄弟》《大庆铁人王进喜》《县委书记的榜样焦裕禄》《人民的好医生李月华》《为了周总理的嘱托》等。值得注意的是，当时的广播中采用通讯报道的方式获得成功，与播音再创作的成功是密不可分的。随着时代的进步，新闻报道的形式和体裁有很大的变化，通讯播音已有明显的新闻故事性，有些已演变为新闻专稿或专题。

（2）学习通讯播音的意义

在新媒体时代，通讯播音的技巧不应该被抛弃，而应该引起大家的关注，并加以训练。因为新媒体时代是内容为王的时代，有声语言创作功力理所当然是播音工作者获得认可的王牌。

## 2. 通讯播音的表达

（1）叙事清楚

事实清楚、脉络清楚、表述清楚。

（2）表达生动

环环相扣，播好标题、开头，展开部分和结尾，发挥叙述、描绘、议论、抒情作用，调动多种表达技巧。

（3）感情饱满

情绪经过充分酝酿，要表达得淋漓尽致，同时是非褒贬明确，态度鲜明。

## 3. 各类通讯播音要领

不同情况下播通讯应注意其体裁的特点：

（1）内容真实；

（2）讲求时新性；

（3）篇幅长，报道深入；

（4）稿件鲜明，作者感情色彩浓厚；

（5）通讯的表现手法丰富；

（6）通讯比消息写得口语化，叙述舒缓、详尽、生动。

## 4. 通讯播音的基本要求

准确、鲜明、生动、感人。

## 5. 通讯的种类

人物专稿、事件专稿、风貌专稿、主题专稿。

## 6. 通讯播音的语言特点

亲切朴实、从容叙述、真切参与、起伏流淌、以己度人。这不等于方法上的直、浅、露，更不可强加于人。

### 7. 通讯稿件的准备

（1）通讯稿件从形象感受、情感体验入手。

（2）形象感受、情感体验应注意的问题：感受要具体，比如"夜深了"。不同的语境就有不同的语言样式，这也是解决语言表达平直的好方法。

（3）分析结构、理清思路：归类和划分，把握稿件的结构方法，依据时间、空间、逻辑（因果、递进、并列、对比等）分析。

（4）概括主题、明确目的：概括主题、联系背景、明确宣传目的。

（5）捕捉新鲜点，焕发新鲜感。

（6）确定重点、基调、高潮。

（7）把握写作特点：精彩的标题、新巧的开头、耐人寻味的结尾、全篇的照应、报道的角度等。

### （二）通讯播音的表达训练

### 1. 叙事清楚

叙事清楚是对通讯播音的最基本的要求，尤其是广播通讯稍纵即逝，听众对前边关键的东西听不清楚，后边就不知所云，可能干脆就不听了，影响宣传效果。

（1）事实清楚

通讯播音是报道新闻事实，首先必须把事实播准确，准确是清楚的基础。通讯报道里涉及的时间、地点、人名、地名、头衔、工作单位、数量、专用名词、术语、引语以及引用的诗、词、歌、赋等，都必须看准、弄懂再播，不能播错，有不清楚、不明白的，要勤查、勤问。坚决反对图省事、顾面子，不懂装懂，敷衍塞责。努力避免事实性差错，维护报道的真实性、严肃性。

（2）脉络清楚

消息开门见山，多在导语里集中交代新闻事实，而通讯常常在文章中陆陆续续地交代，播音时就须脉络清楚。

①交代清楚新闻因素：虽然通讯的写法很活，但它的本质是有根有据地报道新闻事实，所以播通讯必须重视清楚地交代新闻要素：何时、何地、何人、何事、何因、何果。

②叙事有条有理：通讯不是一个个情节、场面、细节的描绘堆砌，而是按照稿件的内在逻辑联系完整连贯地叙事，步步深入表现主题思想，所以通讯播音不可忽视感情和

形象描绘的作用，也不可忽视条理、逻辑的意义。

为了叙事有条有理，通讯表达时应注意以下四个问题：

第一，重视关联词句所引起的逻辑表达，如"不但、而且、因为、所以"等。

第二，按空间顺序结构的稿件，需要注意沿着空间、方位变化这一线索，播出人物、事物的层次性发展变化状况、特点；按时间顺序结构的稿件，须注意沿着时间变化这一线索，播出人物、事件的层次性发展变化状况，播出"我"的动的情态，那么全篇就不仅播得条理清晰，而且灵动、感人。

第三，利用内容大意和情景再现，引起逻辑表达。有些稿件部分层次间没有关联词语，或仅靠简单关联词语起不到推进内容发展的作用，我们可以利用内容大意做内在语，利用情景闪现的方法，引起表达的条理性、逻辑性。

第四，通讯篇幅较长、内容较多，结构上常常序列、扩展相穿插。序列像藤，扩展像瓜，表达时要顺藤摸瓜，往往摆不正二者的关系会出现两种倾向：一是只注意序列，扩展不充分、不生动；二是一经扩展就不可收，扩展后的部分，逻辑感觉回不到序列中来。应注意序列要清晰，扩展要充分。

## 2. 表达生动

（1）环环相扣，播好标题、开头，展开部分和结尾。

（2）发挥叙述（做好铺垫）、描绘（抓细节、活灵活现）、议论（态度鲜明、语气透彻）、抒情（感情真挚、有感而发）的作用。总之，语气节奏要有变化，语势波澜起伏。

（3）调动多种表达技巧：用声有对比；用气要气随情动；用情要感情饱满，态度鲜明。

（三）各类通讯的播音要领

## 1. 通讯播音的类型

（1）人物通讯播音

人物通讯是通过方方面面的事迹去刻画一个人物，特别是通过人物处在典型矛盾冲突中的思想行为，表现这个人物的思想品格，揭示人物的精神境界。其要领如下：

①交代清楚何地、何人通过何事，在何方面体现人物的何思想；

②抓住人物的先进思想、针对性、重要性，深入社会，调动播讲愿望；

③人因事显，把事迹摆在第一位；

④描绘生动，要通过外貌、语言、行为，以及与周围人的关系，表达"这一个"

人物特征；

⑤注意通过周围的人间接表现主人公；

⑥注意处理好先进人物与周围人的关系。

（2）事件通讯播音

事件通讯是以报道典型事物为主的通讯，通过详细描述一件事发生、发展、变化的过程，特别是通过一些感人的情节、细节描绘，说明一个问题，表现一定的思想意义。其要领如下：

①叙事清楚：何人、何事、何地、何时、何故、何意；

②注意事件表现思想性：联系事件的针对性，明确目的意义，态度热情，感情饱满，一般是正面报道；

③要播好事件的起因、发展、高潮、结局；

④处理好人与事的关系。

（3）风貌通讯播音

报道某个范围的新气象、新风尚、新风貌和新变化，具有新闻性、趣味性和知识性。其要领如下：

①内容要清楚：何时、何况、特点等脉络要表述清楚；

②要注意抱团，避免散；

③有一定的针对性，有主题，有目的。

（4）经验通讯播音

经验通讯也叫工作通讯，这类通讯直接反映和指导当前的实际工作。其要领如下：

①明确针对性和指导意义；

②这类通讯经常通过人物或作者的分析、议论，从具体经验中归纳出有普遍指导意义的经验或者教训，这些分析、议论常常是经验通讯的特点和主旨；

③通过形象的表达来呈现作品的感染力。

（5）主题通讯播音

主题通讯也叫综合通讯。通过几个具体的事件，说明一个具有重要社会意义的主题。其要领如下：

①注意以主题贯穿全篇，每个侧面都要与主题相呼应；

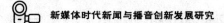

②注意抓住每个侧面表现主题的侧重点，既要注意各个侧面的区别，又要注意相互照应。

### 2. 播通讯时应注意的问题

浓与淡：浓而不陷，淡而不离。就是感情浓烈时不能忘记播音任务而陷入稿件的情境中，感情平淡处理时也要始终不忘播音宣传的使命。

表情动作：思想感情运动状态下的面部表情、手势、动作、肢体语言可以帮助表达内容，增强语言的形象感、动感，但一定要以寻求内心感觉为主，不能造成干扰。通讯是新闻报道性体裁，所以首先要善于理解一篇通讯的新闻价值及所包含的信息、知识。

（1）播的内容新鲜、饱满、生动而有趣味。

（2）通讯播音总体比新闻播音口语化、自然，像和受众热情、诚恳地述说采访见闻那样进行报道。通讯播音比新闻播音语言节奏从容、舒展，因此应避免念稿，避免节奏快、赶。

（3）在掌握通讯结构的基础上，做到表述事实脉络清楚、层次分明。

（4）吸收民间讲故事的招数，注意标题开头展开部分和结尾之间的照应关系，力求播得新鲜、生动、深刻感人。

### 三、新媒体中的电视新闻播音

（一）电视新闻常见构成形式

（1）口播新闻

它是电视新闻播音员面对观众播报的新闻播出形式。口播新闻是在还未获得图像材料和无法获得图像材料时，快速发布新闻的最简便方式，尽管它不是只有图像特点的典型电视新闻形式，但在报道各种无法捕获图像的突发事件时，口播新闻确有用武之地。为了更形象地传播，口播新闻有时会穿插一些图片资料或相关视频。

（2）图像新闻

图像新闻用拍摄的场景画面展示新闻事件，用摄像机记录新闻事件过程中的真实场景，具有逼真性强、传递信息量大的特点，是具有电视特征的新闻表现方式。受实时播出突发事件等因素的影响，图像新闻除了现场采录的声音，还得由记者或播音员用语言对画面所展示的新闻内容进行补充和说明。

（3）现场报道

它是由电视记者在新闻事件现场进行新闻现场报道，报道的主角是现场的电视记者，由主持人或记者在现场对事件进行描述，通常不再需要后期配音。现场报道可以用记者对已经发生的新闻事件进行讲述，不必花费过多精力去拍报已不在现场的相关素材，提高了新闻的时效性。后期制作也很简单，有时在现场就可以制作完成，因此，适合于迅速报道突发性事件。这种报道形式被追求高时效的电视媒介普遍采用。

（4）演播室采访

由电视新闻播音员或节目主持人在演播室内对特定人物进行采访，采访过程直接在新闻节目中播放。这种采访多是对专家学者或政府官员的简单咨询，目的是请他们对一些新闻事件进行解释，帮助观众了解新闻事件的背景、意义。当被采访者身份较为特殊，或被采访时所谈内容极具新闻价值时，采访本身就已成为新闻。

（5）远距离采访

媒体借助现代通信工具，由新闻播音员或节目主持人从演播室实时对身处外地或国外的电视记者、新闻事件当事人或知情人进行采访。这种采访，被采访者没有较长时间准备，具有时间和空间的直观性，屏幕上常常伴有播音员或节目主持人洗耳恭听的形象。对方的身份用字幕或资料回传显示，新闻内容主要依靠对方讲述。随着计算机网络的发达和网络视频技术的成熟，国内外已有使用计算机网络进行远距离采访，被采访者可提供类似可视电话一样的简单活动画面。

电视新闻的构成形式是随着电视通信技术的发展而产生的，电视技术手段的不断发展，电视新闻节目将给受众带来时效性更强、内容更多的表现形式。

下面就其中最常用的口播新闻和新闻片配音做详细阐述。

（二）口播新闻

电视新闻出境播音即由电视新闻播音员在电视屏幕上出图像播报新闻稿件的电视新闻播音。

口播新闻是电视新闻播音员在镜头上面对观众播报新闻稿的新闻播音形式，它是电视新闻最早采用的一种播出形式。尽管随着节目制作手段的不断进步，有越来越多的新闻采用现场拍摄的图像，但口播新闻仍有其存在价值，许多突发新闻在图像尚未获得或无法获得之时，可以用口播及时播出，以提高电视新闻的时效。也有些新闻内容抽象，不便使用图像形式表现，就适合于口播。另外，大量的图像新闻需要在开头插入口播，对整条新闻进行导语式提示。口播是电视新闻播音员与电视观众交流的基本形式，是电视新闻播音员的基本功。

口播新闻中播音员面对观众，屏幕上的播音员形象会直接影响观众的感受。播音员的屏幕形象包括形象和态度两部分。形象主要指面容。口播新闻为了突出主体，播音员的形象集中在面部，多采用上半身或头部特写镜头，面部形象缺陷会暴露得更明显，面部比例不协调或两侧不对称等形象问题在镜头前会被放大。良好的电视播音员形象应当端正、匀称，没有明显缺憾。当然，播音员要博得多数观众的喜爱，还需要有善待观众的真诚之心。其实，真实可信和诚恳可能会比漂亮的面孔更容易被接受。

播音员的态度体现在面部表情和观众的视觉接触上。口播新闻中播音员的表情来源于对稿件内容的态度和对观众的认识，以及自我身份定性。三者结合在一起，可以使播音员更准确地把握表情色彩。如果将三者割裂开，播音员的表现会使观众感到不自然，甚至怪异。新闻是向大众提供信息，不是用感情去打动观众。因此，电视新闻播音员的表情不应像演员那样，过分强调和夸张。应当遵循"和而不同"的原则，将表情控制在与身份相符的范围内。通常，具有公众意识的播音员应当对新闻保持与大众同步的感受，背离大众会引起观众的反感。而对于那些一时无法判断好坏的新闻，播音员也不必故作表情，表情平淡、客观报道也同样重要。一开始，就低头看稿，尽管你的声音会传入观众的耳朵，但他们会感觉你并不是在对他们讲，他们只不过是顺便听到而已。只有当播音员抬起头，面对观众，形成视觉接触之后，观众才有了"和我讲话"的感觉，才能参与交流之中，因此口播新闻必须与观众的视觉接触。尽管这种视觉接触并不像生活中那样，双方都能看到对方，但它的作用与生活中的视觉接触类似。观众可以从屏幕上看到播音员，而播音员却并不能从摄像机镜头中看到观众。播音员怎样才能看到自己的观众？要完成与观众的视觉接触的有效方法，是利用眼睛注视的焦点和意念。生活中说话者与对方交谈时，通常要面向对方，同时眼睛要注视对方，注视的焦点一般是在对方脸上，这样才显得诚恳和专注。如果面对谈话对象，但目光散射，没有集中在对方身上，对方会怀疑你是否在真心与他讲话，起码会感到你有点心不在焉。播音员在镜头前面对远在电视机屏幕前的观众，也应将目光集中在他们脸上，使观众感到播音员是在认真地与自己谈话。播音员要把目光集中在镜头上，同时利用意念想象那里就是自己的观众。这样，观众在屏幕前会感到播音员是在真诚地注视着自己。有些播音员习惯于注视镜头，也有些播音员喜欢以镜头上的某一点作为注视目标。只要目光不漫射，这些方法都能取得令人满意的"注视"效果。哪种方法最好，可以实际试验一下，将不同注视点录像回放，自己稍在屏幕前体会一下哪种注视方法更好。同时征求其他人的意见，帮助自己做出效果最好的选择。

口播新闻稿时将注视焦点集中于镜头并不像人们想象的那么容易。播音员低头看稿时，眼睛与稿子之间的距离不过一两尺，抬头注视镜头，距离可能有几米，眼睛的焦距变化很快，一下子很难适应。有的播音员抬头后一下子找不到注视的焦点，有时会让人感到播音员很木然；低下头时，焦距变短，眼睛会找不到应该看的地方，常常造成迟疑。另外，演播室内播音员座位上灯光强烈，摄像机所在位置灯光较暗，眼睛频繁在明暗之间转换注视不容易适应，这就给播音员不断抬头注视观众带来困难。现在电视台在演播室中一般都有稿件提词器，播音员注意字幕即可；不过，很多电视新闻是突发的，有时来不及上提词器，因此，看稿播读仍然是电视新闻播音员完成口播新闻必须具备的基本功。随着新媒体的发展，网络视频在播放的同时会有文字附上，那么这种播读还存在着与文字的互融性。

口播新闻中的播，包含着背的因素，并不是完全照着稿子念。但这种背不是先将其背诵下来，而是依靠敏锐的反应和良好的记忆力，在备稿熟悉稿件的基础上借助眼睛快速扫描，将稿件中的一些句、段记忆下来，然后脱离稿件，面向观众将内容播出。口播新闻并不要求都背下来，只要播音员能兼顾观众，不中断与观众的交流即可，有些内容复杂的新闻稿，照着读的时间会长于抬头讲的时间。

口播新闻中低头和抬头是主要的身体动作，由于出像多采用肩部以上的特写镜头或胸部以上的近景，面部表情和头部动作会清晰地暴露在观众面前。

因此，播音员要对下列影响动作和表情的细节格外注意：

（1）抬头和低头角度不要过大。角度大，头的动作幅度大，动作速度慢，会显得很笨拙。稿子可以略微靠前，使头不至于太低。

（2）抬头时应把头抬起，正面对观众，不要抬头向上翻眼看观众，这样的动作不大方。抬头也不要太高。

（3）抬头和低头速度不要过快，也不要过慢。尤其是低头，太快不仅显得勿忙，还给人不知下面内容急着找词的感觉。可利用语句停顿抬头、低头，这样可与语句节奏一致。

（4）抬头和低头应保持表情连贯，不要抬头面对观众笑容满面，低头看稿眉头紧皱，因为观众在你低头时也可以观察到你的表情。

（5）播音员在播口播新闻时，除抬头、低头动作外，还可伴随断句，有一定的头部动作，如轻微地点头或向两侧移动，但最好不要有肩部晃动。

如果导播试图换一个角度改变播音员画面构图，则需要播音员的配合。因为画面转到另一台摄像机时，播音员还对着原来的摄像机播报，与观众的目光接触就会中断。为了避免这种情况发生，播音员的目光也应及时转到切入摄像机上。录像播出、播音员可以在需要改变画面的地方停下来，待机器重新确定后，再接着播报，这样画面就可以连接起来。而在新闻直播中，没有停顿的时间，这种做法显然行不通。播音员不可能在一瞬间将目光从一台摄像机转向另一台摄像机。稳妥的办法是利用语句中较大的停顿，低头看一下稿子，等到抬头时，将目光转向事先约定的新机位，这种方法比较容易掌握，操作相对容易。当然，它同样需要导播与播音员的相互配合，如果配合不好，可能造成画面混乱。

播音员目光从一台摄像机转到另一台摄像机的转换过程称为转机。通常使用转机方式播出，导播与播音员之间应有事先约定，也可以由播音员或导播发出信号，提醒对方注意切换。例如，播音员可以用低头看稿发出转机信号，使导播有切换画面的心理准备。双方配合熟练时，导播可以在播音员目光转换时及时切换画面。

播音员在转机时，应保持表情和语言的连贯，低头动作只是为了转换目光，不要停留较长时间。抬头转向另一摄像机时，目光应有稍许停留，这可方便导播切换更从容些。如果导播还未将画面切换，会使屏幕上还保留原有机位画面，这时画面与声音就靠播音员来协调了。转机是口播新闻中难度较大的技巧，它既需要播音员熟练的动作，也需要导播、摄像师的配合。

口播新闻中经常使用一男一女轮流播报的双人播报形式。尤其是在时间较长的大型新闻节目中，这种形式更为常见。双人播报需要相互配合才能使播出顺利进行。根据内容需要参与播音的两位播音员有时会同时出现在屏幕上，有时两人轮流出现在屏幕上。直播过程中，当两人同时出现在屏幕上时，两人的目光应指向同一台摄像机。对方播报时，另一个人以聆听的表情与之配合，表情不应有太大变化，否则会吸引观众的注意力，分散对说话人的注意；但也不能过于呆板，面容毫无变化，尤其是对方播报内容含有丰富的感情色彩时，另一方毫无反应会使观众感到不近人情，表情分寸只有通过积累经验才能把握得准确。有些播音员在对方播报时面无表情，有些则只是满脸堆笑。凡是脱离内容、一成不变的表情方式都不会获得观众的好感。有些播音员为了避免不自然的表情，索性低头看稿。这种做法也容易让观众认为你不理会对方，只顾自己。双人播报一般是轮流播报，两人同时在屏幕上出现只限于简短的对播，例如内容提要、新闻、视窗对话等。

在直播时,情况可能会变得复杂些。如果每条新闻都采用口播后插入图像新闻的方式,没有两位播音员图像衔接的镜头,两位播音员可以使用一台摄像机,摄像师在播放图像新闻时,将镜头对准另一位播音员。如果两位播音员的画面相互衔接,双方应使用不同的摄像机。由导播在一位播音员播报结束后,将另一位播音员的画面切入;双人播报时,摄像机的使用可能显得凌乱,双方应当根据导播的安排,记住哪一段话目光应朝向哪一台摄像机,这一点对直播尤为重要。

### （三）新闻片配音

新闻片是由图像新闻和解说声融合而成。图像新闻是电视新闻记者拍摄、编辑后供播出使用的活动或静止的材料,图像新闻在前,解说声在后,可以直接插入新闻节目中使用,也可以穿插在口播新闻中作为同期素材。

图像新闻在实地拍摄时,都同期录制了新闻现场的声音,包括现场背景声、人物的讲话声等。这些声音可根据需要决定取舍,有些声音与新闻内容关系不大,还会影响解说和画面,不用反而更好。因此我们观看电视新闻时,有的新闻片只有画面和解说,并没有现场的背景声;有的画面有人物讲话的动作,却听不到声音;有些声音与新闻内容直接关联,往往与画面同步出现,包括表现气氛的背景声和采访的说话声等。如有关战争的新闻,与战场画面同时出现的枪炮声会增强战斗的真实感,人们从枪炮声中也可以了解出战斗的激烈程度,判断事件的严重性。

新闻一般需要语言解释,说明新闻事件发生的时间、地点、内容、人物等基本要素。采用现场报道方式制作的图像新闻,可由采访记者在现场或编辑过程中加入解说部分,再将图像稿解说合成完整的新闻片。但也有大量的图像新闻是编辑、记者写解说词,由播音员配音完成的。所以,新闻片配音是电视新闻播音员日常工作的重要内容之一。为图像新闻配音有两种方式:一种是不对照画面,播音员将文字稿连续播完,语言和画面的对应由后期制作人员完成。这种配合方式多用于语言与画面之间关系较为松散的新闻片,语言不需要与某些特定画面相配合。另一种需要对照画面播讲,语言与某些画面有特定的联系,不能提前,也不能滞后,播音员在配音时需要同时兼顾稿件和画面。

图像新闻配音不同于刻画细节和带有抒情因素的专题片配音。在图像新闻中,语言并非主导而是从属地位,新闻发生的时间、地点、人物身份及事件过程等新闻要素,有时并不能从画面中得知,需要语言指明。在很多图像新闻中,画面只是语言的形象佐证,因此播音员在图像新闻配音中通常并不采取"旁白"方式，而更倾向于新闻播报。当然，由于兼顾观众观看画面的需要，这种播报方式比口头新闻播报声音分量略轻，以免干扰观众对画面的注意。

图像新闻的制作过程并不复杂。通常是先拍摄相关新闻素材，然后写出文字稿，最后将编辑完成的录像片配音解说。配音工作可以由负责采访的现场报道记者完成，也可以由播音员完成。采用记者报道方式采集电视新闻在我国虽已较广泛使用，但大部分图像新闻配音是由播音员完成的。图像新闻配音可以在报道现场进行。记者现场采访后，随即写出新闻稿，然后在摄像机前讲述新闻内容。这种报道方式，新闻开头和结尾有现场报道记者画面。在同一场地完成配音，可以使新闻解说声音一致，突出声音的真实感。我们说的新闻片配音，实际上是先录好声音，然后根据声音，在后期编辑时插入新闻画面。后期配音是使用更为广泛的图像新闻配音方式。许多情况下，记者无法或不便于在现场完成新闻稿写作，他们更习惯于在拍摄完素材后，利用一段时间的仔细思索，对报道内容重新规划一番。后期配音可采用两种方式，其中一种方式是脱离画面，播音员直接播读新闻稿，由编辑或记音根据新闻播报长度插入相应的画面。这种配音方式多用于语言为主的新闻，画面处于从属位置，它为新闻内容提供形象证明。语言是不可变动的，画面则可长可短。这类新闻多属简单、概括的报道，缺少细节描述，例如常见的会议报道、经济动态报道等。

脱离画面的配音方式并不意味着播音员不必考虑画面内容，播音员应当根据新闻内容和编辑所标记的画面提示确定感情色彩、声音力度和语言节奏。如果编辑没有其他要求，播音员可以根据自己的意图确定播讲方式。在确定播讲方式时，以下三点应引起注意：

（1）保持适当的声音力度。声音力度过强可能会干扰观众对新闻画面的注意。在播报时应适当融合解说口气，以取得与画面的协调。

（2）语句应当有适度的快慢节奏变化。单一或语速过慢会显得语言拖拉。这种感觉单听声音不明显，与画面结合就会十分不协调。这是因为画面一般很少使用长镜头，大量新闻片是由短促的镜头画面组接而成，画面富有节奏感。

（3）录制速度不要太慢。有时新闻稿并无时间限制，播音员喜欢放慢速度，在个别语句上过分雕琢。实际上语句与画面结合后，你会发现这种雕琢是不必要的，因为画面已经将细节内容清晰地展现在观众面前了。另外，录制速度太慢可能会使后期制作人员时间不够用，增加审片和播出压力。

脱离画面配音有时会受到编辑的限制，最常见的是时间限制。编辑常常会在稿件上标示出需要在一定时间内播完。还有的时候，一篇稿子中的某一段会限制播出时间，限制的苛刻程度能精确到秒。遇到这种情况，播音员最好核对一下时间，确定适当的速度。当新闻稿字数太多，又无法删除时，播音速度可能会令你很难达到。这样快的速度在电台广播中会使受众来不及反应，但在电视中，借助画面的内容，这种高速语言表达似乎还可以被接受。

　　播音员应当有每分钟播读 350 ～ 400 字的高速播报能力，以备急需之用。

# 第六章　新媒体时代新闻播音主持的创新发展

## 第一节　新媒体对新闻播音主持行业的影响

### 一、对工作内容的影响

新媒体时代，新闻播音主持的工作内容表现出如下特征：媒体相互之间的交流涉及的层面很广，而且更为方便，媒体之间的隔阂越来越小，时效性越来越强。新媒体网络的共享让信息传递突破了时间和空间的阻碍，基于较强的时效性及时更新新闻。不同的媒体从相应的角度考虑，实事求是，改变播报方法就是为了给观众更好地呈现新闻报道，利用科技手段对比较瞩目的事件进行全方位的展现。

### 二、对行业内部模式的影响

互联网的出现使得信息的传播更具时效性，我们可以从不同的渠道获取信息。新闻播报在新时代也没有特殊的要求和准则，只是在播报的过程中发生了改变。由原来的对着提词器进行信息的单向传播，演变为利用互联网留言的互动型双向传播。双向传播的互动性极强，新闻播音主持人与受众的频繁互动改变了传统的新闻播报形式，播音主持也需要根据受众在互联网平台上的留言与他们互动，并点评时事新闻。在新媒体环境下，新闻播音更加倾向于实时播报，受众对时事热点的关注度越来越高，互动积极性越来越强。新闻播音主持人应该遵循和适应新媒体时代对新闻播音主持提出的新要求，积极掌握新媒体技术，以更好的状态投入新闻创作工作。

### 三、对主持人个人的影响

在新媒体时代，很多的自媒体也不间断地参与新闻传播，每个人都可以成为新闻的创作者和传播者。与此同时，受众对新闻播音主持人的职业素养的要求也不断提高。现阶段，播音主持也不再一味地依赖提词器。随着科学技术的发展，演播室不再枯燥、单调，全新的演播室让播音主持也有了展示自己的平台。观众和主持人会进行高密度、跨地域的互动，实现深度交流。另外，全媒体演播室中的大屏幕也会呈现时事热点及事件后续。

### 四、对播音主持行业组织结构的分析

在当今这个互联网技术发达的时代，网络媒体崛起，信息的传递速度不断加快。与此同时，信息的传播途径也变得多样化，传统媒体也逐渐开始意识到传统模式不能满足新时代的受众需求。各个媒体团队以及电视台都在进行单位组织结构体制的改革，以应对市场多元化的需求和新时代的技术革新。首先改革可以从突发事件新闻入手，以提升媒体单位对突发新闻的反应能力以及随机应变能力，并时刻关注受众市场动态和人们的内容需求。

## 第二节　新媒体时代新闻播音主持风格的创新

### 一、播音主持人主持风格形成与创新概述

（一）播音主持人主持风格形成因素

我国第一代播音主持人代表是沈力、葛兰等，他们的主持风格严格遵循电台的播音规范，要求普通话标准、吐字清晰，体现播音主持的严肃性。当前阶段，播音主持人的风格多样，传统的主持风格仍占据播音行业的主要地位，普遍采用稳重、严肃的主持风格，随着时代发展，主持风格向通俗、自由、缩小和观众之间的距离、增加互动环节转变。由于综艺节目越来越多，主持人为了凸显自己的特点，需要具有搞笑、轻松的主持风格，可以让主持人更好地走入观众内心，让节目效果更加生活化，从而更好地吸引大众视线。[①]

（二）播音主持人风格形成与创新作用

传媒行业竞争十分激烈，特别体现在播音主持类节目，主持人的节目效果也是影响节目收视率的重要一环，所以独特的主持风格十分重要，可以让其在众多播音主持栏目中脱颖而出。可见主持人是节目核心的一环，栏目的收视率很大程度上体现了主持人的个人能力和主持风格。多元化的节目不断创新，主持人也需要改变自己的主持风格。所

---

① 刘畅．新媒体时代新闻播音主持创作样态的发展［J］．新闻研究导刊，2020，11（22）：111-112．

以主持人对节目创新的理念，要结合自身的因素、节目的内容等，对自己的主持风格进行改变。当前的节目类型多元，同时大众的审美也逐渐提高，所以不要局限于节目的内容，要及时调整，让自己以新风格出现在大众视野当中。

同时节目的健康性也非常重要，节目展现出的健康方向与主持人的主持风格紧密相关，在传媒行业的发展中主持人需要不断进行探索创新，即使个人能力突出的主持人，如果沉迷于原有的主持模式，一成不变，那么将无法进步，甚至导致耗光自己积累的文化底蕴。播音主持人作为公众人物应积极传播正能量，不能因为行业的竞争，传播不健康内容，为了同行业竞争对他人进行抹黑，防止向大众传播不正当的内容、带来不好的视听感受。播音主持人的优秀程度很大程度上由其主持的风格体现，谈吐大方的公众人物可以为大众起到良好的表率作用。在主持节目时，塑造良好的个人形象，给大众提供良好的行为规范引导，是实现自身价值的重要途径。节目主持的受众面是人民群众，如果主持人对社会时事、节目内容做到口齿伶俐，凸显出对其文化水平自信的一面，可以带动观众的情绪，还可以让观众感受到主持人的知识水平、个人魅力，从而让节目的影响力和主持人的形象相辅相成。

独特的个性化发展也是影响播音主持风格进行转变的一个重要因素，主要是通过对个人魅力的展现，获得大众的喜爱，拓宽节目的受众面。例如，在过去的新闻栏目播报中，主持人大多只是通过新闻内容进行简单平铺的表达，只是通过念稿进行陈述。为满足大众的心理需要，在新闻栏目中，要适应大众要求高质量新闻的心理需求出发，对新闻的内容进行深刻解读分析，让大众更加直观地感受到新闻的内在，满足不同层次观众的需求。在对节目进行创新制作时，要充分结合节目的特点和类型，选择合适的主持人。主持人一般在对自己擅长节目的主持时可以充分利用自己的特点，最大限度发挥自己的潜能，产生良好的节目效果。

## 二、新媒体时代对主持人风格产生的影响

### （一）新媒体平台对传统媒体主持人造成冲击

新媒体时代，伴随着移动电子设备的普及，直播平台、网络自媒体等形式的出现，更是为播音主持提供了丰富的展现平台，进而衍生多种多样的网络自制栏目，其中部分主持人并非科班专业出身，但是凭借自身的独特风格处于传媒娱乐圈中的有利发展地位，甚至其知名度超出传统主持人。

另外，人工智能也被逐渐应用到播音主持领域，对传统主持人造成冲击。2018 年 11

月，中国首个人工智能主持人在新华社上岗，这在当时召开的第五届世界互联网大会上引起了关注。到了2019年央视的网络春晚上，主持人撒贝宁和一个机器人同时主持节目，成为业界谈论的热点话题。同年两会期间，全球首位AI女主播"新小萌"也与受众见面了。如今，不少省级主流媒体在新媒体客户端都设计了机器人主持人。伴随着人工智能技术的逐渐成熟，越来越多的AI主持人出现在新媒体新闻生产和传播中，这挑战了传统主持人的行业权威性。

### （二）主持人和受众话语权逐渐趋于平等

在科技高速发展的环境下，各种媒体形式如雨后春笋般不断涌出。在平台上面直播、发表言论的不仅包括主持人，受众均有在媒体平台直播的机会，具备发表言论的权利，而且新媒体平台也支持受众的参与。基于此，传统主持人掌控话语权的时代已经渐渐远去，主持人的话语权基本上跟受众的话语权处于平等的状态中。因此，需要主持人做出风格上的调整，避免呆板僵硬。

### （三）主持人和受众的互动性逐渐增强

新媒体平台中，受众在观看节目过程中更喜欢在留言区跟主持人互动，发送弹幕消息。目前多数的直播节目中，为拉近与受众之间的距离，主持人在播出节目时会插播部分观众的留言与评论。

## 三、新媒体背景下主持人风格发展的创新策略

### （一）运用新媒体技术加强受众互动

在提升信息技术水平的情况下，产生了多种多样的播音设备，尤其是先进的可移动设备，提供给播音主持人优越的播音条件，密切了跟外界的接触，拓宽了主持人的眼界，并且丰富了播音内容。这就需要主持人灵活并且娴熟地运用各种新媒体技术手段，创造多样化的播音形式。同时新媒体背景将播音主持人从播音环境中进行分离，使其也变为一个参与者，促使提升观众的参与度。播音主持人应该加强与受众之间的关联性，积极掌握观众需求，革新滞后播音观念，不断推陈出新。

比如播音主持人可建立个人社交平台，常用的包括微博、微信公众号等，增加同大众交流的机会，积极吸纳观众意见和建议，促使播音节目质量水平的提升；在新媒体平台上主持节目时，要迅速抓住受众感兴趣的话题，可以通过评论、弹幕的形式提升公众

的参与感。①

## （二）形成品牌影响力

新闻媒体盲目追求流量和关注度，就容易忽视新闻质量，导致新闻编辑粗制滥造、良莠不齐，而这些节目主持人在专业性上明显不足。传统播音主持人经过了专业训练，进入科学学习更是涉猎多门学科，不仅仅有新闻学、传播学，还学习语言、语音、心理、文学等众多学科知识，这说明科班的播音主持具有较高的职业素养，而在新媒体传播环境下，专业性是形成品牌影响力的重要因素，这是其竞争优势所在。为了形成较强的品牌影响力，有赖于播音主持人风格塑造，通过扎实的基本功和独特的主持风格，才能带给观众不一样的感受，吸引观众的喜爱，进而增强自身主持节目的品牌影响力。

## （三）强化播音主持的语言特色

主持人在主持节目过程中，一方面是为满足电视新闻受众的需求，另一方面也是播音主持人进行自我展现的机会。在对主持人进行个性化主持风格培养期间，应该确保主持人的语言特点可以良好地符合节目风格。比如风趣幽默的语言风格，可以让观众获得轻松的、愉悦的节目体验；安静的语言风格能够让观众从中得到内心的宁静，并对节目产生一定的思考。所以，语言的特色同样可以体现出电视播音主持风格，能够充分凸显特色。

播音主持的语言更要体现在专业性上，这也是专业播音主持与新媒体环境下各类主持人相比最大的优势。播音主持人要做到根据不同的节目内容来调整语言风格，在涉及时事政治时要端庄严肃，在涉及生活中的五味杂陈时要充满情感，而主持娱乐消费节目时则要有趣味性，保持与节目气质相吻合的主持语言，可以大大提升主持人的节目魅力。

## （四）体验深厚生活使表达更具情感

无论什么类型的栏目，为了最大限度地吸引观众，都要让内容密切联系人们的生产与生活。在播音主持人风格创新中，深厚的生活基础属于重要的堡垒，可以获得大众更高的认可度，得到更多的忠实观众。在互联网新媒体冲击影响下，播音主持人应该高度重视并丰富自身的生活阅历，拉近与受众之间的距离，引发其内心共鸣。尤其在对直播类的新闻栏目进行播报过程中，意料之外的事情时有发生，播音主持人需要运用自身的

---

① 崔虹 . 新媒体背景下播音主持人风格创新分析 [J]. 中国报业，2022(04)：112-113.

职业素养来保持镇定，有效应变，降低由于突发问题给观众情绪造成的影响。为了达到这种效果，播音主持人就必须不断积累，夯实生活基础，从生活中看待理论，以理论解释生活。

在当前新媒体发展环境下，播音主持人的主持风格明显不同于传统媒体，为顺应新媒体时代发展的需求，需要科学创新播音主持风格。播音主持人需要秉承与时俱进的理念，深刻掌握新媒体时代主持人风格创新发展的必然性，把控时代发展的脉搏，对新媒体发展趋势进行不断探究，通过积极学习来不断增强自身的专业技能，打造自身独特的主持风格，从而赢得大众的喜爱。

# 第三节　新媒体时代电视新闻播音主持与创新

## 一、电视新闻播音主持所面临的问题

### （一）无法与节目内容形成共振

在新媒体时代，越来越多的播音主持意识到严峻的发展形势，为了进一步提高节目的收视率，许多主持人会采用多种主持风格以期吸引更多观众。然而，部分主持人并未考虑到主持风格是否适宜，如果节目内容比较严肃，主持人在主持中表现得十分洒脱，就无法给人留下深刻的印象，甚至会起到适得其反的效果。此外，这种做法还会导致观众对新闻内容越来越不关注，而是将更多的注意力放在主持人的风格和方式等方面。

### （二）播音主持个人素养有待提升

在新媒体时代，电视新闻播音主持要具备优秀的专业素养和丰富的工作经验，这样才能确保节目更有吸引力，提高节目的收视率。然而，在现实中，许多主持人缺乏应对突发事件的能力，在工作中经常纸上谈兵，缺乏良好的职业素养，这样就会降低工作效率和工作质量，影响节目的收视率。部分新闻播音主持不能充分意识到外界环境的变化，而且很容易受到不良氛围的影响，在工作中急功近利，心态浮躁，这样就很难保证电视新闻的质量。部分主持人虽然具备相应的技巧，但因缺乏系统全面的理论知识，也很难在工作中将理论与实践有机结合。①

---

① 马冰 . 全媒体时代电视新闻播音主持发展探析［J］. 中国报业，2022（2）：104-105.

### （三）观众对信息的需求很难满足

随着科学技术的不断发展与人民生活质量日益提升，越来越多的观众对信息具有更高的需求。例如，有的观众喜欢民生新闻，有的观众喜欢观看娱乐新闻，如果电视新闻主播只能主持某一类型的新闻，就会出现众口难调的局面。新闻播音主持的播报时间有限，而且播报方式单一，与网络媒体无法相提并论。观众通过网络不仅能够随时获取相应的新闻，还能接收大数据所推送的新闻，而电视新闻播音主持则无法实现这一功能。

## 二、新媒体时代电视新闻播音主持问题的解决方法

### （一）转变发展理念

在传统的电视新闻业中，大部分播音主持具有专业的素质和良好的职业素养，能够及时、准确地播报新闻，但却并未考虑到观众的需求。为了促进电视新闻业实现可持续发展，电视新闻从业人员要转变传统的发展理念，丰富电视新闻的播出功能，提高观众与新闻之间的互动性，如设置互动程序、添加弹幕互动功能，或者对观众的留言进行随机抽选，从而实现与观众的互动，这样就能进一步激发观众参与节目的积极性和主动性，提高新闻的收视率。电视新闻从业人员要将传统媒体与新媒体有机结合，进一步发挥出传统媒体的权威优势。如今，在网络和媒体中存在大量鱼目混珠的信息，如果人们缺乏有效的信息甄别能力，就无法判断信息的真伪，人们的思想还会受到不良信息的影响。为了改变这一现状，可充分发挥出电视的权威性，通过电视为观众筛选有效信息。新闻播音主持须负责报道正确的新闻，给观众带来真实可靠的信息，对舆论进行有效引导。

### （二）提高综合素质

#### 1. 提高专业能力

为促进电视新闻业实现创新发展，电视新闻从业人员要积极汲取新媒体平台的优势，与新媒体展开合作。在这一背景下，新闻播音主持除了要具备扎实的播音主持能力之外，还要了解新闻采编、制作等流程，熟练使用各种新媒体平台，保证播音主持工作顺利进行。播音主持要结合实际情况，认真学习媒体技术，如视频剪辑、媒体运营等，实现多元化发展。播音主持要转变传统的工作风格，不断提高语言表达能力，减少失误，避免给观众造成误解。播音主持要合理运用语言的功能，避免新闻播报过于枯燥乏味。要积极运用风趣、幽默、简练的语言播报枯燥的新闻，使观众在第一时间了解新闻内容，吸引观众的注意力。

### 2. 提高综合能力

在新媒体时代，电视新闻业所面临的挑战日益多元化，各大新闻播音主持也要积极应对接踵而至的挑战。主持人除了进一步夯实专业基础之外，还要学习先进的网络技术和大数据技术，进一步提高新闻采编的效率和质量，确保信息得到有效传输。要加强对热点新闻的捕捉，进一步提高新闻的时效性。由于主持的工作方式比较单一，为了进一步缩小电视新闻与新媒体之间的差距，播音主持就要不断提高自身综合能力，尝试新的播报形式，提高自身专业素养。要了解广大观众的需求，了解常见的新闻传输与接收渠道，积极进行新闻采编与制作，优化新闻播报流程。此外，在新媒体的影响下，新闻的传输速度越来越快，一旦出现突发事件，就要在第一时间进行播报，确保观众能够了解最新信息，这就需要新闻播音主持具备优秀的反应能力。主持人要在日常工作中加强自我训练，重视表达能力与反应能力的训练，这样就能在关键时刻发挥作用，避免出现问题。同时，具有优秀能力的播音主持不仅具备良好的口碑，还能进一步提高节目的收视率与观众的满意度。

### （三）采用先进技术

为了进一步提高电视新闻业的竞争力，从业人员要认真学习先进的技术手段，树立与时俱进的发展理念，将电视技术与新媒体技术有机结合。播音主持除了要认真学习新媒体技术外，还要通过各种社交平台与观众进行互动，了解观众的兴趣爱好，进行新闻直播，从而吸引更多观众，提高节目的影响力。在新媒体时代，播音主持既要展示出自身的专业优势，又要不断提高自身创新能力，善于利用先进的技术完善主持效果。

## 三、新媒体时代电视播音主持工作的创新要点

### （一）创新主持能力

在新媒体时代，电视新闻播音主持若继续采用传统的方式播报新闻，不仅不能提高新闻的播报效果，还会降低观众对新闻节目的关注度。在新媒体的冲击下，电视新闻若要实现自我突破，就要积极对自身能力进行创新，进一步提高电视新闻的时效性。主持要善于利用新媒体开展新闻播报，充分发挥电视媒体的权威优势，为广大群众提供更加准确、及时的新闻。新闻播音主持要积极对现场进行合理调节，对各种信息进行重组，对突发事件进行有效的处理，争取达到事半功倍的播出效果。

（二）创新主持技术

为促进电视新闻实现可持续发展，要加强传统媒体与新媒体的融合，确保主持技术得到创新。新闻播音主持既要掌握原有的播音技术，又要积极学习和利用先进的信息技术，进一步优化稿件的编排流程，提高节目的录制效果。在应用播报技术时，要为观众传达最新的新闻，尊重观众的认知权。

（三）创新主持品牌

在新媒体时代，广大新闻播音主持要树立自己的品牌，这样才能给受众留下深刻的印象，在激烈的媒体竞争中脱颖而出，提高节目的收视率和影响力。主持人不仅要充分发挥新媒体和信息技术的优势，还要考虑到新闻的质量，打造独特的主持风格，为观众提供有效的信息。主持人要发挥电视媒体的权威优势，提高品牌效益，全面保障播音主持的质量，为广大观众提供真实可靠的信息。要加强对观众的调研，了解观众的兴趣爱好和关注焦点，提供高质量新闻，长此以往，播音主持就能树立属于自己的品牌，吸引更多观众关注节目。当播音主持树立强大的主持品牌以后，就能充分发挥品牌的优势，为节目的完善与宣传提供更多保障。

（四）创新主持话语

在新媒体时代，电视新闻播音主持人若要在激烈的竞争中脱颖而出，除了要不断培养个人的主持能力，认真学习先进的技术，打造独特的主持品牌外，还要积极对主持语言进行创新，提高语言表达能力与专业素养。主持人要利用信息技术为观众打造多元化的节目，给观众带来别具一格的体验。除此之外，主持人要具备独特的语言风格，善于结合新闻的类型，选择恰当的语言进行表达，就能达到事半功倍的效果。

例如，许多网络用语之所以脍炙人口，主要是因为这些用语独特、简洁、富有趣味，给人留下深刻的印象，以至于人们在日常交流中经常会使用这些网络语言，使生活变得更加丰富多彩。如果主持人在播报新闻的过程中能够熟练使用这些网络用语，就能拉近与观众之间的距离，还能增加观众与节目的互动程度，提高节目的亲和力。电视新闻播音主持要确保自身的语言更加艺术，保证语言充满正能量，这样才能更好地满足观众的需求。此外，新闻播音主持要转变传统的思想观念，避免主持语言过于单一，否则会令新闻节目过于枯燥乏味，很难吸引观众的注意力。人们之所以会对某一新闻节目予以高度关注，主要是得益于主持人独特的主持风格与恰到好处的语言艺术。主持人要有强大的语言功底，保持独特的声音，这样才能进一步提高自身专业素养，扩大节目的传播范围，给观众留下良好的印象。为了达到这一目的，播音主持要认真学习其他节目主持的经验，不断提高个人专业能力，在节目中融入独特的元素，确保主持风格更加个性化，从而更好地满足观众的需求。主持人要善于对网络用语进行借鉴与创新，并充分发挥网络信息技术的优势，使群众能够获得更加客观的新闻报道。

随着新媒体技术的不断发展与各大平台日益火爆，电视媒体所面临的用户群体数量正缓慢下降。为了进一步提高电视新闻的竞争力，各新闻播音主持要充分意识到现阶段所面临的挑战，积极学习先进的知识和技术，有效提高电视新闻播报水平，给观众带来满意的体验，提高电视新闻的竞争力。

# 第四节　新媒体时代新闻播音主持人的自我超越

## 一、新闻主持人的现状和要求

### （一）渴望"说"而又不知如何"说"

从"播新闻"到"主持新闻"，使新闻从共性传播转向了个性传播，而对于从业个体来说实际上成了一种文化超越的过程，"播"和"说"是形式的改变，真正的变革刚刚开始。

新闻节目如何提高新闻性和收视效果、办出中国特色，成了各家传统电视台面临的一个大课题。我国播音主持界目前将电视新闻节目主持人大体分三类：单纯坐在演播室里串联，不参与采编的称为单一型主持人；部分参与采编活动的称为参与型主持人；采编播合一，对节目的运作有决定权的称为独立型主持人。由于体制等诸多因素，独立型主持人在我国出现得比较晚，也比较少。而独立型主持人的培养已经成为目前各电视台面临的问题。新闻频道也迫切需要使新闻主持人的节目成为自己的频道标志。我国的新闻节目因为延续了几十年"播"的模式，理论和实践都已经比较成熟了，观众也乐于接受。至少目前，这种严肃庄重，吐字发声经过严格训练的播报方式，并非像有些推崇"说"新闻的人所说的是"明日黄花"。当前新闻频道要赢得观众，最终要靠传播灵活快捷、内容亲和、服务公正的新闻主持人节目，这当然离不开制片人、编辑、记者对节目的把握和创新，但很大程度上还要靠主持人的调节和沟通来契合观众心理，这需要主持人必须具有鲜明的个性和亲和力，"播"新闻也好，"说"新闻也好，都是由广大受众的期盼和要求决定的。

一些卫视台纷纷以社会新闻为切入口，大胆地进行制作方式的改革。从记者采写稿件到主持人播报稿件，尽力追求随意、松弛、快捷的风格，一改以往"播"的模式，放下架子去"说"新闻，这对于拓宽节目的内容，拉近观众与电视之间的距离起了很大的作用。应该说：社会新闻节目是新闻主持人节目的尝试。但笔者想就目前一些电视台正在摸索的"说"新闻谈一些看法。

### （二）新闻主持人必须成为整档节目的灵魂

从"播新闻"到"主持新闻"并非易事。从传播学的角度来看，播音员被看作一个集体代表，话语权威但缺乏开放性和多样性。而新闻主持人则是个性化的，不光指声音和形象，更重要的是通过他们对新闻事件的采编处理，人们欣赏到了他们对社会、对人生等各个层面的观点。当然，他们必须有鲜明的阶级立场，因为人们对人云亦云的东西已经越来越不屑一顾，个性成了在众多信息传播中被受众识别和接受的亮点，如何将国家的政策有机地与主持人的个性传播相结合，是主持人串联水平的真正体现，它必将成为新闻节目的卖点之一。目前一些"说"新闻节目，多数还属于参与型或单一型，湖南卫视的《晚间新闻》是国内较早改版推出的新闻主持人节目，应该说当时的主持人李锐、张丹丹本色优势与节目风格的形成是相得益彰的，一改传统的联播新闻播音风格。经过近 20 年的发展，各卫视台的社会新闻节目在运作机制和人员业务上发展得非常迅速，正由开始时的探索期逐步进入了成熟期。笔者认为，消息类节目的主要收视对象定位于普通百姓，可以在时长和内容上适当增加，播出方式可采用多人配合、多形式穿插，与现代电子技术相结合。这样工作难度会加大。新闻节目主持人并不一定亲自采访新闻，但他必须是一个出色的记者，他的任务是将节目中的各类新闻的导语串联起来，顺利地传输出去（初期可以和编辑共同串联）。新闻节目主持人不仅要播读稿件，还要在串联过程中现场采访各种人物或通过线路与现场记者沟通了解某一事件。对于新闻节目主持人来说，除了良好的形象和清楚的表达之外，他们还应具有记者的新闻素质，对新闻事件有透彻的了解和深刻的分析，还要能适应直播要求，具有良好的心理素质和敏捷的反应能力。

现在有些地方台已经开始采用主持人兼制片人的方式办新闻，也就是所谓的独立型主持人。当然这是电视新闻改革最难的突破口。不过制片人可以负责制订报道计划，确定选题，亲自或派遣记者出去采访，与编辑一起修改稿件，撰写串联词和导语。这样就将主持人的意图贯穿整档节目的始终，使主持人的意图、风格与节目整体有机地结合起来，避免二者脱节。把主持人定位为媒介向大众进行传播节目中应突出的中介人物，以朋友的身份与大众平等交流，以个性化的视角与表达方式主持节目。主持人还应注意突出个性化和人格化。

有人说：主持人作为媒体的代表，不可能完全展示自己的个性，主持人对于大众传媒而言是传媒自身的个人化形式，对于主持人个人而言却是意味着其自身的传媒化蜕变。大众传媒制造了主持人形式，并对于每个主持人掌握着生杀予夺大权。它使得每个主持人都必须无条件地服从于它的传播规则，服务于它的传播活动，主持人的一切都是被大众传媒决定和规定好了的。但是消息类主持人与其他类型的主持人相比，其传播个性中展示自我的空间会更丰富，因为消息类主持人传播的是大量的客观报道。通过对节目的选题、立意，通过语言表达和副语言（手势、体态等）表达，通过文化品位和情绪格调的展示，主持人把自己的价值观念、道德取向、文化底蕴和性格特点等信息传达给观众，使他们对节目有一个完整的、较清晰的认识和评价。主持人在遵循党和人民利益，遵循党性原则的前提下突出个性特色，同时与节目整体风格相融合，一般来说，节目中主要是以主持人小言论的形式传递"人格化"信息的，主持人敞开心扉把自己的关注层面、情感倾向、思辨能力、性格特点等反映人格内涵的东西，展现在受众面前，观众会因为对主持人人格化魅力的依赖和喜爱而钟情其所主持的节目。

## 二、新闻节目主持人的素质要求

### （一）出色的新闻主持人必须具备过硬的记者素质

在"说"新闻时，主持人不但要有自己的思想，同时还要将这种思想和个性特征通过种种途径表现出来，强烈而真实地作用于电视观众。如何使新闻思想不断成熟，主持风格日臻完善？笔者认为要首先成为一名出色的记者，其次才可以成为一名出色的新闻主持人。在目前的机制下省级以上台的主持人若想强化自己的个性，只有通过不断完善播报风格，说白了还是语言层面上的雕琢，这样会步入主持人潜质开发的盲区，使他们离生活越来越远。而省级以下的地方台由于人员的因素，很多播音员、主持人到现场采访是他们工作的主要部分，这固然会挤掉一些练习吐字发声的时间，但更多的还是开阔了主持人的视野。作为记者，他们深入社会各个方面直接感受社会、体验生活，不停地现场出像，使他们快速组织语言、排除干扰的直播素质得到了锤炼，对各种新闻事件的把握和快速手写能力也大大增强。大量的采访使他们练就了对各种新闻事件做快速、准确判断的能力，使其对众多新闻事件能分清轻重，迅速做出评论。如果整天坐在播音室练吐字发声，琢磨势态语言这些素质，是永远无法得到锻炼的。实践证明，主持人广泛参与采编，可以保证节目传播的整体性、灵活性及报道的真切感和权威感。实实在在地当好一名记者，是新闻主持人的必备素质。

（二）新闻主持人要善于"说"得精彩

我们强调新闻主持人记者素质的锤炼，并不是说可以轻视有声语言的魅力，相反，"说"新闻主持人首先吸引观众的因素恐怕还应是有声语言的风格，其次才能谈上"说"得精彩。不管新闻主持人生活阅历有多少，有声语言基本功的锤炼对于主持人太重要了，主持人与播音员最大的不同是主持人可以流露主观态度；而播音员强调客观播报。这决定了主持人可拥有自己的独特语言样态。播音员更多的是"播"，而主持人更多的是"说"。主持人对选择、舍弃哪些信息要了然于胸，按编辑意图从整体把握，对选择的消息概括要点，语不惊人死不休。"说"新闻需要主持人具备灵活的整体驾驭能力和针对性很强的交流感，用自己特有的"说话"样态和亲切自然的心态贴近受众。还要添加必要的背景材料，设计串联词和导语，寻找到每一条消息的"切入点"，同时发表一些恰到火候的小言论；对原来书面语体色彩较强的稿件进行改写，用精练的、规范的口语"讲述"消息内容。

"说"是一种清新洒脱、平和稳健、亲切自然的"说"，是一种将播音和说话相结合的"讲述"型语态，本质上是口语，但却是规范了的口语，逻辑清晰，态度鲜明，表述明确，同时保留了简练紧凑的消息语体风格，信息的冗余度很小。"说"新闻，不仅体现在播报状态，速度节奏、语气分量等语言样态上，而且还体现在对新闻信息的选择和重新加工处理上。"说"新闻一般语言量较大，所以要注意话语的冗余度，不要啰唆。

## 三、新闻主持人的人文关怀

新闻主持人必须是一位具有深厚生活体验的人，作为一个新闻人，除了要锤炼适应新闻节目制作的个性素质，更需要的是作为一个"人"的素质的锤炼。新闻主持人的个性展示比任何栏目都要充分。从某种程度上说，主持人的学识、人品、个性对新闻节目的收视效果有很大影响。主持人之所以能成为主持人，是因为他们身上有着旁人所不具备的可以吸引受众，让他们感到可近、可亲、可信、可敬的个人魅力。主持人的形象、主持人的文化修养、主持人的专业知识都可能使主持人在受众心中萌生魅力。新闻主持人的个人魅力虽然融入了传媒的意图，但更多的是承载了现实生活里人们的理想与梦幻。主持人在固定时间、定期和观众见面。这与演员不同，演员塑造角色是通过自己对生活的体验，对角色个性的理解，然后使自己脱胎换骨，按照表演规律去塑造另一个自我，而主持人固然也要展示个性，体验生活，但是由于是以个人身份传播新闻，所以必须展示真我的个人魅力。首先，要有不失个性、却又能兼有集大众共性于一身的形象。主持人的声音与外形具有大众化的特征，能让受众通过他们的形象找到相互间的诸多共同之处，得到心理上"自家人"般的亲近。其次，主持人的言谈举止和形象气质凝聚着社会的公共价值。主持人是这种共同观念与标准的最完美的体现者与维护人，因此他们在受众的印象中是应有着令人依赖的品德与良好的修养。作为新闻主持人，应该对国事、家事、天下事了如指掌，具有不容他人置疑的威望感，因为"一般人是不想去听一个不谈论并不比自己知道得更多的问题的人的议论的"。新闻本身具有真实性，那么新闻主持人就必须成为新闻的代言人，是新闻节目的标志。成功的新闻主持人甚至就是新闻的标志。国外新闻主持人的行为宗旨最终是通过收视率的影响直接给传媒带来商业利润，因此，作为大众传媒亲和策略的产物，讨好受众成了他们的首要行为特征。社会主义国家的新闻主持人，首先必须是党的忠实宣传员，是中国共产党在人民群众中形象的具象化体现，所以在我国，新闻主持人必须在两个方面加强自身修养：一是必须是忠实的马克思主义者，对党的路线方针政策要了如指掌，融会贯通，要加强马克思主义新闻观的学习，是建设有中国特色社会主义的忠实宣传者；二是新闻主持人必须具有强烈的社会责任感和深厚的生活底蕴，深知普通老百姓的呼声，密切关注社会生活的每一个节拍，并能时常调整自己，与时俱进。而正是有了这些不同风格的主持人，才组成了整个媒体的关怀意图。作为独立型新闻主持人，还必须具有一定的组织协调能力，能担负一档新闻节目的幕后统筹任务，一些新闻性较强的采访，主持人应该能亲自在现场主持。

# 参考文献

[1]杨洁.新闻采访与写作[M].成都：西南交通大学出版社，2019.

[2]许颖.新闻采访与写作[M].北京：中国传媒大学出版社，2011.

[3]杨忠.新媒体时代的新闻播音主持理论与实践[M].合肥：合肥工业大学出版社，2015.

[4]仲梓源.电视新闻播音主持教程[M].北京：中国传媒大学出版社，2018.

[5]蔡铭泽.新闻传播学[M].广州：暨南大学出版社，2014.

[6]刘宏，栾轶玫.新闻传播理论[M].北京：中国传媒大学出版社，2016.

[7]柳邦坤.当代新闻采访与写作教程[M].武汉：武汉大学出版社，2017.

[8]吴麟，张玉洪.新闻采访与写作[M].北京：中国传媒大学出版社，2014.

[9]孙宝营.卓越新闻传播人才培养的创新与探索[M].郑州：郑州大学出版社，2019.

[10]彭少健.中国卓越传媒人才培养的探索与实践[M].北京：中国传媒大学出版社，2015.

[11]胡范铸.国家和机构形象修辞学理论、方法、案例[M].上海：学林出版社，2017.

[12]谢金文.新闻传播新探——移动时代的新闻理论与实践[M].上海：上海交通大学出版社，2018.

[13][美]迈赫迪·萨马迪著.国际传播理论前沿[M].吴飞，黄超，译.北京：中国传媒大学出版社，2016.

[14]张昆.新闻教育改革论[M].武汉：华中科技大学出版社，2012.

[15][美]中山，哈鲁阿尼著.批判性跨文化传播指南[M].北京：中国传媒大学出版社，2014.

[16][美]简·尼德文·皮特尔斯著.全球化与文化全球混融[M].王瑜琨，译.北京：中国传媒大学出版社，2016.

[17][美]托马斯·L.麦克菲尔著.全球传播：理论、利益相关者和趋势[M].张丽萍，译.北京：中国传媒大学出版社，2016.

[18][美]兰塔能著.媒介与全球化[M].北京：中国传媒大学出版社，2013.

[19]侯薇.教育新闻写作谈[M].郑州：河南人民出版社，2008.

[20]赵振宇.社会进程中的新闻学探寻[M].武汉：华中科技大学出版社，2011.

[21]王明光，黄先义.中外新闻专业实践教育比较研究[M].杭州：浙江大学出版社，2017.

[22]吴廷俊.新闻传播教育的认知与践行[M].上海：复旦大学出版社，2013.

[23]史安斌.全球传播与新闻教育的未来[M].北京：清华大学出版社，2014.

[24]辛欣，雷跃捷.中外新闻传播教育发展研究[M].北京：中国传媒大学出版社，2009.

[25]胡德才，余秀才.新媒体时代的新闻传播教育[M].武汉：武汉大学出版社，2017.

[26]张文红.卓越新闻传播人才培养模式研究[M].北京：知识产权出版社，2014.

[27]邓维佳，姜智彬.扬帆起航 上海外国语大学国际新闻传播卓越人才培养探索[M].广州：世界图书出版广东有限公司，2016.

[28]詹碧澄.当代中国新闻教育改革研究[M].北京：中国广播电视出版社，2009.

[29]徐正.传播的博弈——数字媒体环境下的舆论引导研究[M].杭州：浙江大学出版社，2011.

[30]刘宏，栾铁梅.新闻传播理论[M].北京：中国传媒大学出版社，2016.

[31]单波.新闻传播学的学术想象与教育反思[M].北京：社会科学文献出版社，2014.

[32]高萍."批判"传播学 兼析传播学、新闻学、广告学之学科关系[M].北京：中国传媒大学出版社，2012.

[33]郑保卫.论新闻学学科地位及发展[M].北京：中国传媒大学出版社，2010.

[34]曲艺.基于新媒体时代的电视台播音主持创新发展路径[J].中国新通信，2022，24(15):88-90.

[35]满航.新时期广播电视播音主持艺术创新路径[J].新闻文化建设，2022(13):151-153.

[36]吴超凡.新闻节目主持人在自媒体平台中的定位探析[J].新闻研究导刊，2022，13(07):202-204.

[37]敖斯尔.新媒体时代新闻播音主持风格的创新路径分析[J].新闻文化建设，2022(05):160-162.

[38]崔虹.新媒体背景下播音主持人风格创新分析[J].中国报业，2022(04):112-113.

[39]刘畅.新媒体时代新闻播音主持创作样态的发展[J].新闻研究导刊，2020，11(22):111-112.